JOURNEY THROUGH KENYA

穿越肯尼亚

王爱妮◎著

EUNICE WANG

长江出版传媒
湖北科学技术出版社

图书在版编目（CIP）数据

穿越肯尼亚 / 王爱妮著. -- 武汉 : 湖北科学技术出版社, 2025. 6. -- ISBN 978-7-5706-4173-4

Ⅰ. K942.49

中国国家版本馆 CIP 数据核字第 20251B88X0 号

穿越肯尼亚
CHUANYUE KENNIYA

出 品 人：邓　涛
策划编辑：杨瑰玉　严　冰
责任编辑：曾紫风　刘　亮
责任校对：童桂清
封面设计：张子容

出版发行：湖北科学技术出版社
地　　址：武汉市雄楚大街 268 号（湖北出版文化城 B 座 13—14 层）
电　　话：027-87679468
邮　　编：430070

印　　刷：湖北金港彩印有限公司
邮　　编：430040

889 毫米 ×1194 毫米　1/12　23 印张　261 千字
2025 年 6 月第 1 版　2025 年 6 月第 1 次印刷
定　　价：268.00 元

第一章

“动物伊甸园”——马赛马拉

一 初印象

清晰地记得，当我第一次在马赛马大草原上驱车而行：一大群斑马奔跑在雨季的无边绿野中，午后的云朵漫天漫地，在水晶蓝的天空撒野，白得耀眼。

整个世界，变成了一幅流动着的全景式大画框，你可以看得很远，很远：无数野生动物或懒洋洋吃草，或自由奔跑嬉戏。亭亭玉立的小伞树[①]，顶着可爱的棉花糖云朵，安静地站在天地之间。阳光带着一层金粉，轻轻洒落。

大地和天空连在了一起，永无止境。

---

① “小伞树”是指马赛马拉大草原上独特的伞形金合欢属树木，在广袤的草原上，这些伞形金合欢树犹如一顶顶小伞，点缀着广阔的地平线，为草原增添了几分诗意和生机。

Paul His/ 摄

表达出来的原因。不夸张地说，正是由于她极其生动又极具感染力的讲述，让我在抵达非洲之初，就毫无防备地坠入了对这片土地的好奇和热爱之中。多年后，当我再次重返肯尼亚驻站，赴任第二个任期，我依然能感觉到她在我心底种下的某些东西在破土而出、蓬勃生长。

对于媒体工作者来说，遇见肯尼亚，是一种幸运。它有着得天独厚的自然资源，保存着古老的部族文化，又以惊人的速度奔赴现代化。在我抵达非洲后的半年时间里，台里决定创办非洲分台，点位就选在肯尼亚。2012 年 1 月，央视非洲分台正式开播。这是央视在海外建立的首个分台，同时也是国际媒体在非洲建立的第一个分台。

肯尼亚是著名的“动物王国”。每年 7-8 月，位于肯尼亚的马赛马拉国家公园都会迎接数百万只从坦桑尼亚塞伦盖蒂大草原长途跋涉而来的野生动物大军。2012 年 7 月，非洲分台和央视新闻频道携手，创新推出了《东非野生动物大迁徙》直播报道。这是全球电视媒体首次对非洲野生动物迁徙进行直播。我们的团队克服种种意想不到的困难，终于成功拍到了角马、斑马等食草野生动物组成的百万大军在马拉河上演“天国之渡”的震撼场景。当世界各地的观众透过央视镜头，近距离欣赏到这场地球家园“最伟大的生命迁徙”，非洲，已悄然打破西方媒体长期片面刻画的充满战乱与疾病的“苦难大地”形象。非洲，是何其充满活力、魅力和生命力的希望之地啊！

从 2012 年到 2024 年，我们共完成了三场肯尼亚野生动物大迁徙直播，不仅在国内引发收视热潮，还引发了广泛的国际关注。2013 年，时任肯尼亚总统乌胡鲁 · 肯雅塔亲临马赛马拉国家公园，为该节目“打 Call”。在接受我的专访时，他说道，中央电视台的《东非野生动物大迁徙》直播节目让人叹为观止。它能鼓励更多游客来肯尼亚亲眼见证自然奇观，还有助于推动全球公众凝聚环保共识。

随着 2021 年 4 月 16 日中央广播电视总台成立非洲总站并持续加大对非洲的客观全面报道，越来越多的游客开始把目光投向遥远的非洲。如今，中国已成为肯尼亚第二大增长最快的旅游客源市场。为了满足中非老百姓对于了解彼此的渴望，我们发起了“武术梦 中非情”大型融媒体活动，在一招一式间传递中华文化跨越山海的魅力；我们举办了“星空计划”，为非洲偏远地区的孩子公益放映中国动画；在中国老百姓辞旧迎新、阖家团圆的重要节日里，我们把“春晚序曲 全球看春晚”活动搬到了联合国内罗毕办事处一号会议厅，让非洲的朋友们也能感受到中国传统节日的欢乐氛围。

“一根原木盖不起一幢房屋。”正如这句非洲谚语所言，促进中非文明交流、文化互鉴和民心相通，离不开多方共同努力。当我翻开《穿越肯尼亚》的时候，我知道我的老朋友爱妮十多年来在用另一种方式默契地与我同行。从马赛马拉大草原、东非大裂谷、“火烈鸟天堂”纳库鲁湖，到桑布鲁部落、小象孤儿院、黑犀牛保护区、甜水黑猩猩庇护所……跟随爱妮的脚步，我们一起去凝望乞力马扎罗山顶可能会消失的雪，去触碰世界上最后一只雄性北方白犀牛如婴儿般柔软的耳朵，去抚摸因盗猎失去亲人的小象孤儿、因战乱失去家园的黑猩猩，去邂逅“蝴蝶部落”里弹跳力惊人的桑布鲁勇士，去感受灿烂的野花一夜之间开满荒野的喜悦。穿越肯尼亚，绝不仅仅是地理坐标上的简单位移，更是跨越不同文明维度的深度交流与双向奔赴。

爱妮说，凯伦 · 布里克森出版《走出非洲》这本书的时候，已经是 52 岁。那么长久的行走，就是为了酿取这一滴花蜜。而爱妮本人，又何尝不是十年磨一剑，只为让更多人看见她如此深爱并引以为傲的非洲。愿每一位翻开这本书的读者，都能在字里行间寻找到了解神秘非洲的密码，于心灵深处触碰生命在多元文明交织下绽放出的诗意光芒。

中央广播电视总台非洲总站站长　宋嘉宁

2025 年 3 月

序　言

位于东非的肯尼亚，是人类的发源地之一，也是非洲经济、文化较为发达的国家之一，号称“非洲之心”，众多的国际组织和机构坐落于此，包括中国科学院在境外建设的第一个综合性科教机构——中－非联合研究中心。这里有着优美的自然风光、四季如春的宜人气候、多样的文化和民族特色、丰富的旅游资源，境内分布着众多的自然保护区，是世界上观赏野生动物的最佳国度之一，特别是一年一度的“野生动物大迁徙”，在全球游客中闻名遐迩：每到六月中旬至九月的时节，数百万只羚羊、角马、长颈鹿、水牛、斑马、大象、狮子、猎豹、河马等动物横渡马拉河，从塞伦盖蒂来到马赛马拉保护区，这种已持续数万年的动物大游行，既带来死亡，又迎来新生，年复一年，周而复始，是世间少有的自然奇迹。

《穿越肯尼亚》的作者王昀女士曾定居肯尼亚多年，走遍了东部和南部非洲的国家公园和保护区，致力于大自然旅行教育和中非文化艺术交流。她曾经遍览中国和肯尼亚最美丽壮阔的景色，由她讲述的肯尼亚的风景和生活，真实得触手可及，充满了将要喷涌而出的勃勃生机，让人感受到这片土地的独特魅力，那不仅是野性自然的掠影，更是人类与自然共生的鲜活范本。通过精彩绝伦的摄影图像和她这位资深“非洲通”的娓娓讲述，她在书中介绍了肯尼亚七大最具代表性的保护区，生动地展示了肯尼亚之美。

这也正是我们——中－非联合研究中心的科研工作者们——所致力于研究和保护的。在她追逐“红泥大象”的察沃，我们正在用北斗系统建立生态观测网络，在她触摸长颈鹿的内罗毕，我们已将来自中国的杂交水稻试种出垂垂的金穗……科学与艺术在此刻殊途同归：我们都在用各自的方式，探寻和保护这片土地，为中非文明交流搭建桥梁。在“一带一路”倡议指引下，从政府到民间，从科技到旅游，中肯两国合作不断加深，既巩固了深厚友谊，又实现了共同发展。

我非常高兴能为本书作序推荐，相信它将给读者带来美好的阅读体验。当你们透过缤纷的书页，感受肯尼亚的呼吸时，这种跨越山海的共鸣，正是“地球生命共同体”的真实写照。

中国科学院武汉植物园
中国科学院中－非联合研究中心　王青锋

2025 年 5 月

穿越肯尼亚

CAMPI YA KANZ

写给肯尼亚的一封情书

赤足行走在金色的非洲大地，雨季在天空的牧野中跑过。非洲，这个星球上最后一个动物“伊甸园”。每个人都向往这样的一次经历：非洲大陆的神秘和狂野，热带草原的壮丽和律动，荒蛮中的相遇和发现。

在一年一度的“东非动物大迁徙”的喧嚣中，肯尼亚被热议和向往着。这个神奇的赤道线国度，是众多野生动物的家园，也是我工作和生活了十年的第二故乡。每当我想起它，立刻就遁入最喜欢的场景中：

清晨和傍晚，金橙色的阳光，清澈芬芳。忽近忽远的鸟叫和虫鸣，动物们欢悦嬉戏，风吹来，又跑远。野花、叶子和荒草，窸窸窣窣的密语席卷了整个原野。你好像就是“动物世界”的居民，被这生机勃勃的“烟火气”唤醒。这是一种全然不同的生命。到了晚上，你可以感觉到狮子的吼声在胸腔里回荡，清澈的空气没有被任何噪声和污染堵塞，它的清晰度让您可以直接看到闪闪发光的星空。

无数个风尘仆仆的孤单行走，血液中的炙热烫伤了掌心。源自开普敦的一杯美酒，“彩虹之国”梦境般开满的蓝花楹；源自“上帝的家园”肯尼亚山脚下，打开的一本厚厚的《爱非手记》。

那一年，尼泊尔一场宫廷政变的蝴蝶效应，令教育部的一个语言文化项目终止。本来准备研习梵文的我，没来得及做任何功课，背着一个大背包转而就飞往南非，去负责开拓一个南非环境资源旅游部的合作项目。和“萨法瑞”（Safari，今译为“非洲野生动物旅游”）的缘分就这样突然开启了。南非的同事们在陪伴我考察的时候说了一句，你得去东非才能见到真正的《狮子王》里的大草原。于是，我又申请去了被称为“世界野生动物旅游首选地”的肯尼亚，这一待就是十年。我本来是学习语言学的，

遇到非洲之后，慢慢地转向了非洲自然保护区研究。大自然的纯真和野性之美、人与自然的关系令我深深着迷。

肯尼亚是这样一个宝地：它处于非洲大陆心脏的位置，东非大裂谷和赤道线形成一个天然的十字架；拥有非洲第二高峰肯尼亚山、世界第二大淡水湖维多利亚湖、非洲著名的自然保护区马赛马拉、无数部野生动物纪录片的拍摄圣地、非洲最具传奇色彩的部落人文、东非印度洋绝美海滨……肯尼亚约有 8% 的土地受到保护，栖息着 400 多种哺乳动物和 1,000 多种鸟类，拥有如此丰富的景观、野生动物、文化艺术和旅行体验的多样性：成群的大象和纷飞的火烈鸟、被阳光漂白的金色大草原、白雪覆盖着锯齿状的赤道山峰、绿松石般的温暖海水拍打着处子般纯净的椰风白沙滩……不知不觉间，我把最美好的年华，都花费在了尘汗满面的行走中，并在海滨小城马林迪找到了心目中的“面朝大海，春暖花开”。

常常觉得迁徙不停的我和笨角马一样憨傻辛苦，也无数次在深夜里害怕到痛哭。但所有的折磨和挫折，都比不上被偷了两台电脑和一部手机更让我心疼。很多详细的图文记录，就这样再也找不回来了。在路上，我遇到了很多颇具理想主义色彩的传奇人物，真实意义上的“外星人”。这些热爱非洲的人身上有一种奇妙的共性：他们发现、容忍和拥抱了一个事实，即挣扎的总是人类，并总是用疯狂的、谦虚的、令人充满希望的方式表达着对大自然的敬意和爱。这些旅行中的好老师和好朋友，也像一颗颗闪烁的小星星，照亮了前行的道路，无限拓展了我生命的维度。一个弱小女子，遇见了大大的非洲，和隔着半个地球的很多好朋友。路上的种种不确定性和漂泊，令我“看见”了很多形式的生命大迁徙，和它们去向的目的地。

肯尼亚的老百姓总是很自豪地说，这是一片被恩赐的土地，这种复杂又古老的“伟大”贯穿了这里的生活和生活在这里的人。感恩被赐予这样的机会和时光，一遍遍行走在肯尼亚，淹没在蔚蓝色翅膀的阴影里；一次次被金色的火焰点燃，与大自然邂逅、相恋。当与“萨法瑞”相遇，我才真正懂得了，行无止境。在这片野生动物依然自由自在奔跑的大陆上，人类所遭受的一切困境，宛若一扇无匙之门。

这本书的创作十多年前就开始了。当我暂时完成这一阶段的写作时，长达 3 年的疫情还没有结束。在茫然和苦闷的日子里，

有家人温暖的爱相伴，也因此遇见一个美好的团队，一起完成这本美丽的图书。我们对大自然和非洲共同的关切和爱，绽放出更大的想法并使之成为可能。肯尼亚的旅行实在太丰富了，受篇幅所限，不得不放弃了很多小众的目的地（包括海滨和海岛），把焦点放在了陆地上的野生动物保护区，希望能照顾到初次前往肯尼亚的朋友，带着你们穿越人文和历史的多重维度，去体验一次和大自然的奇妙约会。

愿你，透过化妆和滤镜的颜色，看见大地的原色和朴素之美。看见花豹明亮的眼睛、火烈鸟粉红的羽翼，感受爱人嘴唇的柔软和甜蜜。在对自然的敬意中爱着，深深地生活。人类经过这么多的苦难，或尝试发现新的动力，重新点燃渴望，从新时代的废墟上崛起。愿在未来，在这个星球，狮子花豹大象，那些可爱的动物们，还拥有自己的小小王国，自由自在地生活。

热爱开启一段无止境的探索之旅。所有的努力，都是为了满足自己的心。远行在遗忘之间，将无限的暖意，放在告别的轻轻拥抱里。

目录 | CONTENTS

MASAI MARA
NATIONAL
RESERVE

穿越肯尼亚：邂逅非洲的诗与远方

“在非洲，一切皆有可能：内罗毕国家公园的狮子又进城了，一只来自察沃的小象孤儿等着你收养，珍稀的罗斯查尔德长颈鹿从落地窗里探头进来，想和你一起分享早餐……”翻开王爱妮老师的新作《穿越肯尼亚》，那特有的细腻、空灵、散文诗一般的口吻，让我一下子想起十五年前与她初次邂逅的那个午后。

2010 年，我受命赴内罗毕筹办中央电视台非洲中心记者站。这也是我第一次踏上肯尼亚的土地。彼时，已经在非洲工作和生活了多年的爱妮，热情又耐心地向我介绍这个于我还有些陌生的国度。那些我从未见过的珍奇野生动植物、那些我从未听说过的奇闻逸事，她讲起来是那样地如数家珍、引人入胜。我甚至怀疑，哪怕是土生土长的肯尼亚人，都未必能有她这样了解和挚爱这片土地吧。

文如其人。爱妮给我的印象，似乞力马扎罗山下的微风一般清醒又自由，又似非洲高原的阳光一般炙热又温暖。她身上兼具探险家的勇气、学者的敏锐、诗人的浪漫还有哲人的悲悯。这或许也是她能把肯尼亚的魅力那么淋漓尽致、细腻恢弘地

在南非工作的时候，当地朋友无数次跟我说起：最经典的非洲大草原——像《狮子王》里那样的，是在东非。

目眩神迷，梦想成真！斑马那椭圆的有黑长睫毛的大眼睛，黑白分明的斑纹套装，闪闪发光，神气得让我心跳加快！摇下车窗，似乎稍微一探身就够得着！

可司机没有给我们太多时间去拍随处可见的食草类居民。他从对讲机里得知，不远处发现了小狮子。

可爱的小萌狮，是所有访客梦寐以求的邂逅对象。于是，一脚油门，我们忙不迭顺着土路上的车辙飞驰，去拜访“辛巴[1]家族”。

① 辛巴：《狮子王》中的主角，斯瓦希里语意为“狮子”。

大部分的小狮子，出生在“狮族过大年”[①]之后的“狮子婴儿潮”[②]中。我遇见第一只小萌狮和它的妈妈时，它差不多3个月大，圆滚滚的像一只绒毛玩具，一下子就俘获了我的心。

在马赛马拉，1—3月被称为“狮子季”。随着降雨的消失，高草渐渐被消耗掉，游荡在其中的野生动物更容易被发现。这是一年中邂逅新生小狮子们的最佳时期。

每年的头几个月，马赛马拉的几个狮群大家族都会“咕噜噜”地诞生出一大堆可爱的狮子宝宝。狮子幼儿园集体出街，圆乎乎的小家伙们倒腾着小爪爪，“敦敦敦”地拼命跟上母狮好整以暇的步伐。

① 每年7—9月，“大迁徙”队伍抵达马赛马拉大草原。大量的食草动物为狮子等食肉动物提供了丰富的食物来源，这段时间被当地旅游界戏称为“狮族过大年”。

② “狮子婴儿潮”指的是小狮子会在食物丰盛的迁徙季几个月后大量出生。

马赛马拉，在当地马赛语中的意思是“大地上点缀着的斑驳树影”。这个闻名于世的“动物星球”有三大魔力法宝：大猫[①]，大迁徙[②]和大草原。

多年来，它被称为是“动物王国的好莱坞”，一直受到国际纪录片团队和专业摄影师的欢迎。电影《走出非洲》[③]的部分外景，纪录片《大猫日记》[④]系列和《王朝》[⑤]等，都在这里拍摄。得益于众多纪录片的拍摄，这里的狮族享有国际明星的声誉。

金翠色的大草原和迷人的阳光，是马赛马拉给我的第一眼“初印象”。此后，我更多地在尘土飞扬的旱季深处，一次次辛苦地追逐“东非动物大迁徙”，也越来越多地了解了狮子帝国的传奇。

---

① 非洲旅游界特指狮子、猎豹和花豹等“大猫类”动物。虽然，猎豹并不属于猫科动物。

② 指数百万角马、斑马和瞪羚在东非草原上季节性迁徙的壮观景象。

③ 《走出非洲》：改编自同名小说电影，讲述了作家卡伦·布里克森在肯尼亚的生活。

④ 《大猫日记》系列：BBC 关于非洲大草原上狮子、猎豹和花豹生活的纪录片。

⑤ 《王朝》：由 BBC 制作的纪录片，讲述 5 种濒危动物家族的生存故事。

Paul His/ 摄

Paul His/ 摄

一 大草原日出

我知道，一张图片里永远容纳不下非洲大地清晨日出的壮丽画卷。

繁忙的鸟叫和虫鸣充满耳鼓；野牛群隆隆地踏过湿润大地的细微震颤；密林间阴影重重的深处，传来生命苏醒的各种奇怪声息；绚丽的云朵瞬间变换颜色；阴蓝色的幽深夜影疏忽间散去，在交响乐般的迤逦中，明朗的白日礼花般绽放开来。

非洲大地的日出，总是这样迅捷。狂野、自由和纯真的气息，充满天与地。

新鲜的嫩芽闪耀着宝石般的露水，雾气从森林地带升起，现出活泼的羚羊，陶醉于白天的清新。像胖胖的灰姑娘，在星空下度过一夜后，河马蹒跚地回到泥塘。而鬣狗则穿过大草原，在尖锐的“呵呵”怪笑声中远去。

我们一大早出发，是为了与马赛马拉大草原最著名的大猫相遇。它们出现在金色的晨光中，浑身金光闪闪。

金色香槟酒般的清晨阳光下，它倦怠起身，一头金棕色的鬣毛风中凌乱，琥珀般的眼睛反射着飒飒风声中摇曳的金色草原。成熟的野燕麦结满黑红油亮的籽，垂着头如海浪般轻轻荡漾，铺陈在清澈的光芒里。无边无际。

我们大气也不敢喘，在它宁静威严的注视中，心脏狂跳如振翅的鸟儿。这一刻，用任何语言都无法描述。

金子般珍贵，灿烂的非洲大草原清晨。瞬间即逝。

雨水的祝福

一头母狮追击着斑马，一场风暴占据了天空；一只敏捷的花豹，悄悄地袭击了深夜；一小朵纯洁甜蜜的白色碎纸花[①]，芬芳了整个马赛马拉。

① 碎纸花，是马赛马拉大草原上一种雨后盛开的野生花朵。

Paul His/ 摄

雨季，没有“大迁徙”部队的打搅。小象、小长颈鹿跟着妈妈觅食游荡，草原祥和安静。大草原上的定居者，包括“非洲五霸[①]”和常见的大草原食草动物，它们有着相对稳定的领地，没有谁不喜欢过稳定安生的小日子。

① “非洲五霸”指的是东非最具代表性的 5 种大型野生动物，分别是狮子、大象、水牛、花豹和犀牛。

无论晴日还是雨天，你的马赛马拉之旅永远不会白费。

非洲在很多人印象里，是一个极端干旱的大陆。因为选择来东非看“东非动物大迁徙”的缘故，大部分访客只见过大旱季深处那茫茫荒野的干渴和枯黄。在飞尘和烈日下驱车追逐野生动物，是一种苦乐参半的难忘体验。

大多数人很喜欢明亮的蓝天和阳光，可是非洲的雨也很美。早在 1982 年，摇滚乐队 Toto 就写过一首全球流行的歌：《祝福非洲的雨》。

如期而至的雨水，是非洲大陆上最美好的祝福。狂倾的雨声敲打着无边荒野，混合着植物、泥土和雨水的奇异香气。野兽们在滂沱大雨中背过身去，眯着眼一动不动。难熬的旱季，终于结束了。

阳光破空而出。

彩虹横贯天际，阴郁的蓝紫色云朵堆积在天边，金色的光芒点亮了整个马赛马拉。无边蔓延的层层绿色、金色和黄褐色融汇，变成一块巨大的画布：斑斑点点闪光的水塘和沼泽，蜿蜒的小溪和泉流，墨绿色的树影斑驳，成团或成线，远处是墨蓝和青黑色的边界山脉。

热气球在草原上拖着长长的影子，长颈鹿在金合欢树林间进早餐；狮子立在土路边静静张望；斑点鬣狗已经急匆匆开始它们的晨猎；野水牛群从栖身的林地里慢慢踱步出来；羚羊、斑马和角马永远在吃草，吃草。

薄薄的雾气松松地缠绕着树尖，清脆的鸟叫清晰入耳。清凉芬芳。露水晶莹。清晨 7 点半的阳光像金子一样纯粹，高草轻拂。

4 月，是大雨季的开始。在马赛马拉东北方向的罗伊塔山地区，美妙的“小迁徙”也踏上了路途。

大众访客通常只知道 6—9 月的“东非动物大迁徙”，却很少有人知道，每年 4—6 月的雨季来临之时，罗伊塔山附近成千上万的斑马角马汇集，向西南浩浩荡荡而行，直抵北马拉地区的河岸。它们会和北上的“大迁徙”部队发生交集。

这个季节，有很多小斑马和小角马出生在马赛马拉。有时候，富有探险精神的斑马妈妈会突然决定去流浪了，带着孩子就加入了“大迁徙”的部队，跟着一路南下到塞伦盖蒂[①]。我们都说，它一定是爱上了南方来的那个帅哥。

这样的爱情故事，在这个阔大无边的动物世界里，天天发生着。

① 位于马塞马拉南部，肯尼亚邻国坦桑尼亚的一个大型国家公园，以广袤的草原和野生动物大迁徙而闻名。

Paul His/ 摄

我的马赛朋友告诉我，在 10—11 月的小雨季，4—6 月的大雨季，马赛马拉简直是一种“幸福的空旷”。

东非最负盛名的摄影师和“萨法瑞”专家，都把马赛马拉当成了自己的家。他们选择把一年中的大部分时间都“浪费”在这里。自由游荡在大草原，扎营在距离马拉河不太远的营地里，恐怕他们每年最喜爱的节日，并非是那需要争抢观赏位置的忙乱的“大迁徙”季，而是可以独享无人打扰时刻的“小迁徙”季。

一 大迁徙

动物们滚滚而来，在雷雨震动的天地间长途跋涉，踏过无数远古的蜿蜒小道。

每年 6 月底至 7 月初，“东非动物大迁徙”部队从南部的塞伦盖蒂出发，千里迢迢北上，抵达马赛马拉，上演一场场盛大的“天国之渡”：奋勇渡过鳄鱼潜伏、狮豹堵截的河流，向死而生。

这条河，就叫马拉河。这个动物王国最著名的地理标志，也是一条让全世界的野生动物摄影师都向往的神奇河流，堪称最具戏剧色彩的“天然大剧院”。

一年一度的“神的舞台剧”，令人期待、欢呼、战栗。

马赛马拉的向导总是说，角马们千百年来恪守着一个家训：对岸的草更绿。其实，为了吃口鲜美的青草而踏上万里长征之路的，不仅仅是角马。

马赛马拉－塞伦盖蒂生态圈里数量最多的食草动物，是 150 万 ~180 万头的角马、几十万头斑马、数万头大羚羊和一部分小瞪羚，都是大迁徙部队里的成员。作为这个星球上最完整的大生态圈之一，马赛马拉－塞伦盖蒂东非大草原跨越肯尼亚和坦桑尼亚两国，相当于 2 个北京或 5 个上海的面积。雨季先从塞伦盖蒂最南部的短草平原开始，渐渐向北推进。

追逐雨水的方向，就意味着有草吃。

角马大军抵达马赛马拉的时候，正是肯尼亚北部的沙漠玫瑰[①]盛放的季节。

经过一个漫长的大雨季，遍布大草原的野燕麦草疯长到半人多高，沉甸甸的麦芒变成了漂亮的黑红褐色，富含植物蛋白。旱季随之到来，整个大草原华丽变身，风过处，酷似秋天里金灿灿的麦田。

上万头行进中的角马和斑马先头部队，在坦肯界河沙河两岸和“马拉三角”地区，形成长长的纵队全速奔跑！憨丑的角马一旦奔跑起来，立刻甩掉了“草原小丑”的大帽子，白胡子和状如拂尘的尾巴飞动，极具动态和美感。

① 沙漠玫瑰是一种在干旱地区盛开的美丽且有毒的花卉。

一大片黑压压的角马，“先头部队”通常聚集在马拉河附近，先开个“酋长大会”，讨论今年从哪里渡河的议题：老同志带队，小同志得跟上，得时刻提防河中间埋伏着的鳄鱼绞杀队、岸边等候多时的花豹杀手、平原上虎视眈眈已久的猎豹家族。

在河岸两边举着相机蹲守多时的访客，听在耳中都是“呶呶”的喧闹。它们不急，人着急。

小家伙们被急流带走，妈妈们急得掉头返回，又跳入埋伏着杀手的河流中。这是最令人不忍而感动的场景。

一旦过了河，就啥也不愁了，角马和斑马改变阵形，四散开来埋头吃草，漫山遍野。岁月静好，一派祥和。

对于狮子、花豹、猎豹和其他食肉动物来说，它们的大年也到了。

这几年，渡河这场盛大的“神的舞台剧”，经常因为气候的不确定性而失约。但趋之若鹜的国际游客，总是早早预订了“渡河季”的入场券。

一个正常的经典“渡河季”通常跨越 7—9 月，这也是旅游业界所谓的旺季。每辆车都会冲到马拉河边蹲守渡河场景，大草原被角马和斑马大致顺时针方向扫荡一遍。很多地区，茂密的金色高草被“流动的割草机”齐刷刷地修剪到只剩下短短的草茬，车辆驶过，飞尘滚滚。在渡河点和主要路段，人车拥堵。

2020 年值得纪念。那一年，马赛马拉的“渡河季”非常精彩，角马、斑马和大羚羊大规模渡河的规模屡破纪录。这也是一次没有游客在场的旺季。

红棕色的河流两岸镶嵌着绿宝石般的河岸森林，茂密得像阿凡达星球中的原始秘境。

蜿蜒的马拉河源自肯尼亚北部纳库鲁[①]地区的高地森林，一路向南，就着山势，切出一个斜三角形的优美生态区，被称为“马拉三角”。马拉河一直从马赛马拉流入塞伦盖蒂，最后汇入维多利亚湖。

乘坐热气球飞过马拉河时，你可以看到这样一幅神奇的鸟瞰图：红褐色的马拉河，浑浊安静，其貌不扬。大大小小的河马部落沿着河岸依次分布，占据着静水深流的河湾。河马老小趴在岸边，像一堆胖胖的红泥甲壳虫，它们时不时发出“昂昂”的大叫声：“我的地盘！我的我的！”然后“呼啦”喷出一鼻子巨大水花！

雨季带来丰沛的雨水，河水暴涨，经常溢出河岸，形成一连串沼泽和湿地。旱季到来时，这片美丽的河岸森林和周围的湿地生态，是所有生物的生命之源。

① 纳库鲁：肯尼亚中部地区，以纳库鲁湖国家公园而闻名。

一 狮子帝国

没有人不渴望亲眼见到在非洲大草原出生的野生狮群。

在马赛马拉，大多数时候能保证近距离拍摄到狮子，有很大一部分原因，是因为这里四无遮拦的草原地貌。那些草原深处零星分布的橙叶巴豆树[①]树丛，季节河两岸的树荫和微微高出来的白蚁丘，是狮子家族懒睡、饮水和嬉戏的场所。

① 橙叶巴豆树：这种灌木在马赛马拉非常常见，狮子经常在其下休息。

狮子们在白天实在是没有什么可以看的。它们在树荫下呼呼大睡，肚皮剧烈起伏，懒洋洋偶尔甩动一下尾巴。围着它们闹个不停的，是一大群永远撵不走的苍蝇。张爱玲大致说过，人生如一袭爬满虱子的华美长袍。狮子呢，浑身爬满虱子和苍蝇，照样在阳光下睡大觉。

午后有点闷热，我们跟着打起哈欠来。一早爬起来拍日出、找动物，中午也没闲着，在整理图片，一天在土路上颠簸八九小时，着实有些疲惫。

日出和日落时分，是欣赏大猫的最佳时间段。

长风猎猎里，威武的狮王。一头长草般的金棕色鬃毛，唰唰地和高草一起摆动。它总是好整以暇，好像在自己的世界里，回味着为了守护家园所立下的赫赫战功。

金纯的光芒中，一头狮子目光闪闪，专注着远方。

它的视线所及之处，是暮色里一望无际的马赛马拉大草原。青黛色的远山和丘陵温柔起伏，金色的野燕麦草在晚风中拂动。一小队斑马，稀稀拉拉，茫然无知地信步走过。

马赛马拉大概有 800 头狮子，分布在方圆 1510 平方千米的保护区范围内。因为狮子“据有领地”的天性和大自然的制衡，如果没有人类的干扰，这个数量不会变化太大。

著名的“沼泽狮群”，是《大猫日记》系列的主要拍摄狮群对象之一，它们的领地跨越了部分马拉河流域。从这里，你可以看见一脉整齐的蓝灰色山墙——奥劳劳山崖。它是马赛马拉的最西部边界，也是东非大裂谷的一部分。

“沼泽狮群”被选中成为纪录片系列长期拍摄的对象，正是由于这个家族在马拉河附近优越的生活条件、优美和丰富的生活场景。

象群迁徙，经常从“沼泽狮群”的家门口路过。

Paul His/ 摄

和“沼泽狮群”一样，马赛马拉的数个明星狮群多年来一直被摄影师和纪录片团队跟拍。

食物匮乏的时候，它们会游走到超出自己领地范围的马赛村落定居点一带。马赛人在附近放牧牛羊，和它们共享同一片土地，人狮冲突在所难免。但是解决问题的办法总是有的。当地采取协助牧民加固牛栏，同时利用各种手段譬如夜间的太阳能强闪警示灯等加强防范的方法。狮子也很聪明，它们学习得很快。

南部，塞伦盖蒂的流浪公狮经常伺机北上马赛马拉，攻城略地。一旦得手，小狮子们就很难逃脱厄运。

“沼泽狮群”中的“刀疤脸”狮王[①]，当年一战成名，成为马赛马拉知名度最高的狮王之一。这个狮群里的母狮骁勇善战，也是出了名的。

① “刀疤脸”狮王（Scarface）是马赛马拉国家保护区中最著名的狮子之一，因其脸上的明显伤疤而得名，死于2021年。

一 马赛人的命运

马赛人，是这片东非大草原上的守护者，他们是大自然的信使。

随着国际游客的到来，马赛村的宁静生活也被改变了。不少游客专程来马赛村拜访，观看“狮子舞”①和钻木取火②表演。这些大同小异的收费表演不免引起争议，但远道而来的游客，还是被马赛村里过于简陋的生活条件触动了。

马赛勇士为游客表演着“狮子舞”，起起落落的矫健身姿映照着落日的金红，化作生动无比的一幕幕剪影，沉落在苍茫的墨蓝色荒野中。厚重丰富的低声吟唱，模仿着各种来自非洲大地的鸟兽之声。

仿佛在看着一场大屏幕的露天电影。

① “狮子舞”是马赛族勇士表演的传统舞蹈，也被称为“跳跃舞”。

② “钻木取火”是马赛族的一种传统生火技术，通过快速摩擦两块木头点燃火种，是马赛族生活中重要的生存技能。

在很久以前，年轻的马赛战士在举行成人礼之前，必须证明自己有能力独立猎杀一头狮子。但本质上，并不是这个过时的旧习俗导致了狮子数量的减少。

当欧美猎人发现了马赛马拉这个“狮子国度”后，剧变发生了。狩猎之旅的到来导致了无数野生动物的死亡。有资料称，1961 年，马拉河流域只剩下 9 头狮子。后来，马赛马拉国家野生动物保护区成立，以帮助保护当地生态环境。

居住在保护区附近的马赛人不再被允许在保护区内放牧。更多年轻的受过良好教育的马赛人，加入了旅游业和酒店管理团队，成为出色的地区领袖。

从保护区建立之前到现在，100 多年来，马赛马拉一直是马赛人的家园。

在水草匮乏的季节，野生动物和马赛人的牧群争夺着珍贵的自然资源，狮子和其他掠食者对牛群的攻击也带来了很大的损失。为了给自己的部落创造一个可持续的生存环境，当地的马赛部落领导人联合起来，以马赛社区为核心，在马赛马拉国家保护区以北建立了 12 个私人保护区。这里的土地，属于每一位马赛村民，被租用给酒店业的旅游经营者。

相比于马赛马拉国家野生动物保护区，这些私人保护区除了看动物，访客还被允许徒步、骑马、夜间观赏动物等。在大草原上选择喜欢的位置用餐，是最浪漫美好的一项小小特权。

在这里，我体验过最悠然的美好早餐：捧着一杯热乎乎的芳香咖啡，放松地窝在草原上的一把折叠椅中，眼前是一望无际的草原，晶莹的露珠闪闪发亮。角马、斑马和羚羊等野生动物在数十米开外安详地吃草、嬉戏，长颈鹿和大象缓步走来，美好的早餐沐浴在香槟酒色的清澈阳光里，随手摘的几朵野花放在餐盘上……

舍不得吃完这顿早餐，直到落在脸颊上的阳光渐渐变得发烫，动物们在此起彼伏的叫声中慢慢四散远去。

荒野之心

马赛马拉的盛名，毋庸赘言。它从来不会让任何一个人失望，也从不轻易向任何一个人完全敞开。它被记取在了专属于非洲的情感和记忆之中，作为一个符号，一个象征，融合了美妙的非洲大草原气息：柔和的山川，苍茫的大地，暗涌的河流，晴爽的蓝天，一棵亭亭玉立的小伞树，角马大迁徙的远征和苦旅。

它给世界无数慕名而来的访客带来了肾上腺素飙高的狂喜体验，更多的时候，是被无边荒野包围的奇异宁静。

寂静总是如此喧闹。

很多朋友都跟我表达过大致同样的一种感受：从来没有这么放松过。这种在世界大部分地方消失已久的荒野情怀，被越来越多的人重新提及。

这 10 年间，马赛马拉将我变成一个温柔的偏执狂。

这种偏执，或许是别人眼中的不起眼。一个苦苦等待的，漫长的旱雨季交替；一场长达 2000 多千米，周而复始的动物长征；一朵不知名的，却惊艳了整个雨季的野花；一个微笑，来自陌生人；一个伤口，来自最信任的他。

这些，都是行走在路上的宝贝。

我用了 10 年，去了解马赛马拉。如今，我离开马赛马拉好几年了。著名的“四个火枪手”都已全部离世[①]。

马赛马拉的动物在生与死中轮回了一个又一个的周期：大部分大迁徙中存活下来的角马和斑马，每年都会渡过马拉河三五次；马赛马拉北边的马赛村，每隔 3 年左右牛羊就会多出一倍，又会越来越多地遭遇饥饿的流浪狮。“沼泽狮群”的可爱小狮子们，5 只里只有 1 只能活到两岁。小猎豹的存活率更低。

① “四个火枪手”狮群在马赛马拉的历史上留下了深刻的印记，它们的故事被广泛记录在多个野生动物纪录片中。刀疤脸于 2021 年 6 月 11 日因自然原因死去；萨基奥（Sikio）在 2020 年初因领地斗争中的伤势死去；莫兰（Morani）在刀疤脸死后不久也死了；亨特（Hunter）在 2019 年 8 月失踪，很可能死于争斗或自然原因。

未来的世界，这个神奇的动物星球还会存在吗？单纯这么想想，就觉得自己非常幸运。我骄傲自己来过，并深深爱着它。

AMBOSELI NATIONAL RESERVE

第二章

来自非洲之巅的生命源泉——安博塞利

泪流满面

象群！我轻轻喊了一声，指向前方的地平线：

天光倏忽，一道光从云端洒落，落在了荒芜的湖床里。一列象群排着整齐的长队，缓缓走进这束光。乞力马扎罗静静伫立，银蓝色的汹涌云层间露出巍峨耀眼的雪顶。像一朵美丽圣洁的蓝莲花，盛开在寂静的荒野中。

我身边的摄影师朋友，一下子泪流满面。这一刻，仿佛永恒本身。

那是 10 多年前了。当你站在平地仰视乞力马扎罗，白雪皑皑覆盖着的山体，至少占据视野的四分之一。

庄严，美丽，神圣。你无法不屏住呼吸。

非洲最高峰，是世界上最大的单体山峰之一，因其 5895 米的海拔被世界登山爱好者昵称为“三英里半”。

刘宜孟翰 / 摄

千百年来，安卧在非洲之巅乞力马扎罗山北麓的安博塞利见证了无数次暴烈的旱季。

寂静无声的干裂的土地，飞尘与热焰，汇聚成午后的龙卷风，远远近近地盘旋而过；鸵鸟奔跑在蒸腾的气流中，从车旁一溜烟跑远。

我们一路风尘仆仆抵达。路过马赛村时，马赛小孩欢呼着奔跑过来。

他们的村子就在国家公园大门附近，简陋的泥巴荆条小圆顶屋，一个挨着一个，围成环形的圈（类似贝果面包的形状），马赛人最宝贵的牛群和羊儿，到了夜晚就被收拢在贝果状的泥屋中间，更安全。

巨大的金合欢树[①]散落四周，长颈鹿漫步其中。常常一夜之间，密密麻麻的奶油白小粉团花就成片成片地爆开了。这些清香的花朵，是携带着信风[②]的甜蜜小“信使”。蜂群在高空中嗡嗡忙碌、劳作。

司机拉开车窗，把我们路上吃的薯片和糖果递给欢呼的小孩子们，笑着说，雨季快到啦！

---

① 金合欢树：是一种常见于非洲草原的树种。

② 东非的信风出现在赤道一带，持续由东向西吹，英文名为 trade winds。

刘宜孟翰 / 摄

刘宜孟翰 / 摄

刘宜孟翰 / 摄

雨季到了，一切都会不同。

暴雨之后，干涸的古老湖床一夜之间注满了幽蓝的净水。逝去的仙境复活了。火烈鸟收到信件，一夜之间就赶回来了，娉婷起舞在浅浅的湖水中。它们可是从坦桑尼亚的纳纯湖飞来的。

傻乎乎又认真的角马们，也赶紧从周边的荒野里往这边赶。它们一高兴了就喜欢来回跑，沿着湖岸左一趟，再右一趟，呶呶！今个儿真高兴！

角马害怕的时候也动不动就瞎跑，哄地一下炸开：天啊，完蛋了啊！呶呶！虽然都是呶呶，你听久了，还是知道它们此刻的心情。

乞力马扎罗的壮美自带一种情绪。当我无数次在清晨和傍晚，仰望它完美的圆锥山体和耀眼雪顶时，那种几乎是有点忧伤的虔诚，在别的地方从没有体会到。

它的皑皑白雪，其实是冰川。

每一年，我们都听说，乞力马扎罗的雪要永远消失了。每一年，我都回来看。

亲眼看见，四分之一的雪顶到最后变成了浅浅一线，很多时候，它融化在飞舞的云朵里，你分辨不清：到底是哪一叶莲花白。

一 生命源泉

斑点鬣狗从午后的沙尘风暴中现身，越走越近。枯黄的草地上，斑马和零星的角马专心地啃着草根。我起得太早有些困倦，心不在焉，眯着眼睛，随着车子的节奏，看向天边：满天阴云包围了乞力马扎罗，阴蓝色的云雨蠢蠢欲动；巨伞般的金合欢树，生死由天的一切生命，都被裹挟在漫天的飞尘里。

靠近南边的山麓要下雨了，那边就是坦桑尼亚边境线，更南边的非洲大陆绵延千里。

因为大旱，附近村落的马赛孩子们，把他们的牛群羊群赶进了安博塞利最中心的沼泽地，从斑马的背后望过去，距离我们昨天看到的狮群领地，非常近。

安博塞利中心区域的沼泽，是这片荒野的生命源泉，也是周边马赛人村落的生命线。这片区域常年少雨，极度干旱。水，来自哪里?

1600 头左右非洲象的家园，无数生灵以及马赛部落的生命线，都取决于乞力马扎罗之顶的冰川。

乞力马扎罗的冰川融水和雪水沿着山麓下渗，在这一带的平地出露，漫延流淌，形成季节性湖泊和沼泽地。泉流不断，绿草如茵，灌木葱茏。各种野生动物和马赛人的牛羊群和谐共处，分享珍贵水源。

冯琛哲 / 摄

冯琛哲 / 摄

冯琛哲 / 摄

在肯尼亚的有些保护区，因为植被丰富和天气绝好，拍出来的图片常常青山绿水，鸟语花香，一派世外桃源风光的小清新模样。然而安博塞利，永远是招牌式的非洲经典，严酷自然和活泼生命的对比，直抵内心。

大象家族每天一早排着长队，和匆匆访客的车辆一样，赶往沼泽一带。当我们的车辆静静停在沼泽附近观鸟时，常常看见它们排着长队从远处的天光云影中，缓缓靠近。

就好像是来赴一场约会。

小象和大象一起在沼泽中觅食。

大象用长鼻把草拔起，用牙齿割断，甩进嘴里。

小象笨拙地学习。

得益于安博塞利大象研究中心的长期跟踪观察，这里的大象习性被研究得非常充分。有几头大象很出名，例如，被 3 个电视系列专题节目报道过的母象首领“回声”（Echo）、长牙王“蒂姆”（Tim）、“托尔斯泰”（Tolstoy）、“迈克尔”（Michael）和“克雷格”（Crig）。

这一地区是世界上为数极少的“长牙大象”的家园，这些犹如猛犸巨兽的大象又被称为“大獠牙”，它们的牙很长，几乎接触到地面。蒂姆于 2020 年去世，活了 50 岁。托尔斯泰于 2022 年去世，活了 51 岁。

每当遇到大旱，作为首领的母象就会带领家族踏上长途远征之路，它们沿着古老的大象迁徙走廊，一路远行到肯尼亚东北部的察沃一带。

海明威和 Safari

清晨和傍晚，是观看乞力马扎罗的最佳时机。因此，游客们大多数都选择在闷热的午后小睡片刻。非洲装饰风格的酒店，被繁茂的金合欢树林环绕。

白天的大部分时间，你是看不到乞力马扎罗的，即使距离它很近。但从安博塞利这个角度，正好可以完整、清晰地看到乞力马扎罗的第一和第二高峰：完美火山圆锥状的基博峰和尖顶的马文济峰。

乞力马扎罗是一座壮丽的复式火山，由主峰基博峰（坦桑尼亚独立后也被称为“Uhuru”，斯瓦希里语“自由”之意）、东边更加古老的第二高峰马文济峰、西边的西拉高原组成。从高空卫星图上可以看到，它拔起于苍茫非洲大陆中央。周边的绿色是得益于冰川融雪和山地雨水而生机勃勃的林带绿地和沼泽区。

刘宣孟翰 / 摄

“你拥有乞力马扎罗，我却拥有它的风景”，肯尼亚人善意调侃坦桑尼亚人的时候，常笑着这么说。

观景和看动物，都是肯尼亚国境线这边的安博塞利国家公园位置最佳；如果是登山，就要去坦桑尼亚那边的乞力马扎罗国家公园。

坦桑尼亚国境线以内的北部山麓大都是繁茂的林地，有生机盎然的香蕉林、芭蕉林、芒果树、木瓜树和农田村落。我两次从这里取道经过，朝圣般地围绕着乞力马扎罗山麓转了大半圈。宁静田园里五彩斑斓的非洲颜色，恍如童话世界。多年前我背包走过的登山大本营小镇莫西（斯瓦希里语“Moshi”，意为“烟”），也越来越喧闹，坦桑尼亚的“猎游之都”阿鲁沙更是人车拥堵，大变样了。

乞力马扎罗全年都可以攀登，最佳时间段是 1—3 月初和 6—10 月。山顶一场雪，山下一片雨。一场新雪之后，清凉的野风携带着清新的冰雪气息扑下山来，和坐在金合欢树下的你我相遇。

美妙无比，安博塞利和乞力马扎罗，正是一场冰雪奇缘。

接近赤道线的阳光兜头浇下，午间的安博塞利酷热难当，连动物们都吃不消，纷纷躲进阴凉的树荫下打盹。

我躲在酒店里，来一杯冰镇啤酒或可乐，听酒店的工作人员讲故事。

猴子和狒狒时不时来打搅，企图顺走桌子上的薯片和花生米。马赛保安起身，作势举起弹弓，它们“呼啦”一下，就窜上树梢和屋顶。

刘宣孟翰 / 摄

安博塞利是海明威最爱的非洲游猎目的地之一。他写的《乞力马扎罗的雪》和《非洲的青山》，令当年的欧美名流贵族和富豪们对这个地区趋之若鹜。在白雪皑皑的“非洲之巅”下，狩猎漫游，被包装成终极浪漫的非洲“萨法瑞”之旅。

殖民时代以狩猎为主要乐趣的非洲猎游，正是“萨法瑞”的由来。孕育了现代“萨法瑞”前身——“狩猎旅游”的重要发源地肯尼亚，于 1977 年全面实施禁猎。如今，“长枪短炮”的摄影观光旅游，早已经代替了真正的猎枪，但“Safari”这个斯瓦希里语名字，在英语中保留了下来。

海明威很可能是最早将“萨法瑞”一词引入英语的人。1933 年，海明威带着第二任妻子宝琳首次来非洲，在肯尼亚和坦桑尼亚兜了个大圈子。那时的他已经对世俗生活厌倦之极，深受《非洲猎游记》[1]影响的他，大动干戈地筹备了一次令他重获生命之光的非洲狩猎之旅。这次为期 10 周的旅行，为他日后的小说《非洲的青山》和《乞力马扎罗的雪》提供了素材。

海明威一行浩浩荡荡开进在乞力马扎罗山脚下的马赛村落。据说为他们服务的那个小村子，因此获得足够全村人生活一年的报酬。

马赛孩子和其他非洲孩子一样，酷爱荒野足球。他们光着脚板奔跑在海明威狩猎团队曾经扎营的区域。历史已经翻篇了，狩猎早已被肯尼亚当局禁止多年，这里的孩子们更需要的是学校、诊所和提供充足营养的食物。羊群和牛群，不仅仅是食物来源，还是他们最熟悉的好伙伴和好朋友。

---

① 《非洲猎游记》是由美国前总统西奥多·罗斯福撰写的书，详细记述了他在 1909—1910 年的非洲狩猎之旅。

有一段海明威写给非洲的文字，出自《非洲的青山》，如今广为流传：

All I wanted to do now was to get back to Africa. We had not left it, yet, but when I would wake in the night I would die, listening, homesick for it already...

我现在唯一想做的就是回到非洲。我们还没有离开它，但是当我在夜里醒来，我已经开始思念它了……倾听中，我因思乡而心如刀割。

在乞力马扎罗山脚下的幸福生活，美得特别不真实。就像海明威写的那封给非洲的“情书”，那种被自然之美征服的深切满足。

刘宜孟翰 / 摄

旱季的挑战

安博塞利经历过很多次大旱，乞力马扎罗的雪被预言过很多次消失。

2007 年我第一次遇见安博塞利时，雨季中无边无际的苍翠绿色，一派生机勃勃。

2008—2009 年安博塞利大旱。

我曾经目睹安博塞利的斑马、角马之密集，犹如马赛马拉的“大迁徙”；也曾经路过大旱之后荒凉的尸骨遍地，狮子饿得肩胛骨突出，像一只可怜的“猫咪”。

乞力马扎罗山的皑皑雪顶，已全然不是早年一部小卡片机就可以记录清楚的震撼模样。眼前的积雪，仿佛一小片飞羽，轻盈地浮出在早晨 11 点的天空，不仔细看都看不清楚。

午后，龙卷风和海市蜃楼占据了天地。

冯琛哲 / 摄

冯琛哲 / 摄

刘宜孟翰 / 摄

似乎看过了整整一个轮回，心里格外安静。

狒狒们蹲守在路边的石桥附近，日光浴、吃奶、嬉戏，贼亮的眼睛深究着过往的车辆和咔咔作响的相机。我从来没有喜欢过狒狒，因为被骚扰过，头疼它们的无赖和胆大包天。但狒狒和猴子，是动物世界的烟火气。营地篝火故事集里，总有几个段子和它们相关。

狒狒群背后的茂密树林，就是安博塞利大象研究所的基地所在。

刘宜孟翰 / 摄

冯琛哲 / 摄

冯琛哲 / 摄

冯琛哲 / 摄

一大群大象穿过荒原，是在自然界中你能见到的最神圣的景象。

安博塞利在很多摄影师心中有着特殊的地位——在越是贫瘠和偏远的荒野，大象越能够呼唤起强有力的内在形象，呈现一种超越现实的精神力量。

荒野游侠的大片既视感。

很多热爱非洲的摄影师，都深爱着这原生的苍凉和寂静，不加修饰。

除了核心的沼泽和泉水地带，大部分时候路上总是飞尘不断，充斥着来自古老盐湖[①]、淡淡的刺激性味道。安博塞利虽然面积不算大，气候也不完美，但有着神灵般的乞力马扎罗坐镇，飞尘与荒原，反而更有味道。

① 安博塞利盐沼是一个古老的季节性盐湖，形成于更新世，有数十万年的历史。

10 多年前，成群结队的大象穿越安博塞利的古老湖床是很常见的，特别是在 12 月至次年 3 月的旱季结束时，表层水变得稀少，大象从乞力马扎罗山的山麓附近的金合欢树林来到保护区的沼泽边缘，寻找地下泉眼汇聚成的水源。

对于野生动物摄影师来说，没有比能够准确地预测动物行为更棒的事情了。

近些年来，日益增多的马赛人带着他们的牛群进入安博塞利国家公园，这影响了大象的生活方式。牛群也吸引了更多的狮子企图接近这个区域。

整个生态环境发生了改变。听老向导说，现在的象群很少穿越干涸的湖床了。

观鸟，徒步和观星

每次重返安博塞利，都是一件幸福的事。很难得有灿烂的雨季。一路天蓝蓝，清晨美好的阳光下，淡紫色的野牵牛花温柔绽放。霞光如火，鸟群飞旋。这是我在非洲原野中见到的最美的颜色之一。

安博塞利的鸟类非常丰富，有 400 多种。大多数非常容易看到。

刘宜孟翰 / 摄

观察鸟类、花草、昆虫、蝴蝶和动物足迹等，最好的方式是徒步，这是近几年来在非洲保护区迅速升温的旅游观光方式。对于热爱野生动物世界和大自然的访客来说，更为环保、低碳和亲近大自然。

乞力马扎罗北麓中的原生金合欢树和灌木林带，一直在延伸到安博塞利地区。很多酒店附近的灌木丛和林地，就是鸟儿的乐园，观鸟特别方便，都不用乘车出去。安博塞利沼泽一带，简直是观鸟天堂！

虽然大象貌似是主角，那一路跟随的仙气飘飘的小白鹭、机灵鬼苍鹭……巨兽和小鸟的搭档，令一切景色生动、可爱、美好。

晚餐后，花园中的篝火已经燃起，马赛人的歌舞如约而起。奇幻的非洲之夜。火光，月色，花影摇曳，云层舒卷，风从头顶呼啦啦跑过。

满满的月色明亮如银。月亮升起之前，日头刚刚沉入地平线的那一刻，金星、木星和水星三颗行星一齐出现在日落上方的云朵边缘，冷冷恒定的亮光，特别清晰。

安博塞利平原，也是观星的好地方。

一 小象的生存

小象跟着家族每天到沼泽来打卡，它们的活动范围很广。有时，它们会在园外的树林里，遭遇步行上下学的马赛孩子。他们是彼此的邻居。

安博塞利国家公园本身不大，只有不到 400 平方千米，和云南的石林景区差不多大。但大象、角马和斑马的迁徙范围和觅食路线，覆盖了 1 万平方千米的生态系统。

迁徙，就是野生动物对抗干旱和有效利用自然资源的最佳方式。它们在沼泽，周边的草场，附近的金合欢树林、灌木林之间自由活动，在这样严酷的干旱和半干旱气候中，生存了数千年。

在这一带，大象生存最大的威胁是干旱和偷猎。当地马赛人生存的最大威胁也是干旱。他们的牛群和羊群都极度需要珍贵的水源和植被。每逢大旱之年，保护区附近的人兽冲突就会加剧。

干旱地区的植物普遍都长着刺，刺荆棘对于人类来说似乎毫无价值，但马赛人的牛品种特殊，这些牛群咀嚼着这些难以下咽的粗糙食物，将它们转化为肉和奶。这似是一个奇迹。

难怪马赛人认为：牛是他们的神“恩盖”恩赐予人类最珍贵的礼物。乞力马扎罗的神圣雪顶，也是神尊“恩盖”在凡间的栖身地之一。

我写过好几个动物传奇的故事，其中有一个就是安博塞利的“长牙王”[①] 托尔斯泰。2022 年它死于梭镖造成的伤口感染，但并不是偷猎分子所为。

托尔斯泰是一个习惯性的掠食者，它经常冲进附近的农田大肆吃喝，毁掉成片的玉米。敲盆子和丢石头这种常规手段，已经吓不住这个胃口极大的大男生了。一夜之间，失去一年的口粮，这让当地农民忍无可忍。

为了给大象留出足够迁徙的通道，这个保护区除了大门一带之外，一直没有围栏。大约 60 名护林员彻夜待命，随时准备应对大象对农作物的袭击。他们提前通知农民，使用安全手段驱赶大象。正是由于他们非凡的奉献精神和辛勤工作，托尔斯泰才活到了 51 岁。

如今，全球像托尔斯泰这样的宏伟美丽的“长牙王”只剩下 50~100 只。失去托尔斯泰的时期，安博塞利正进入又一个大旱之年。当地政府在这一带打井和修筑水槽，在降雨回归之前的未来几个月，人类与野生动物的冲突将特别激烈。动物和人类为了生存，都在努力。

沼泽一带的水草养活不了庞大的大象家族。小象跟随着母象，一路长途跋涉，前往察沃一带寻找食物。一路上，它们很可能会经过当地人的村庄、围栏和田地。

---

① 长牙王（超级长牙大象）指的是那些拥有巨大象牙的大象，它们的象牙通常几乎接触到地面。超级长牙大象数量稀少，是野生动物中最宏伟和珍贵的象种之一。保护这些大象免受偷猎和自然灾害的威胁是至关重要的。

当乞力马扎罗的冰川融化殆尽，当有一天，天空的颜色被爱恋的粉色记忆层层覆盖。有一封信，像时间一样长，像爱一样短。

这封信，我早就发出去了。

刘宜孟翰 / 摄

THE WILD NORTH SAMBURU

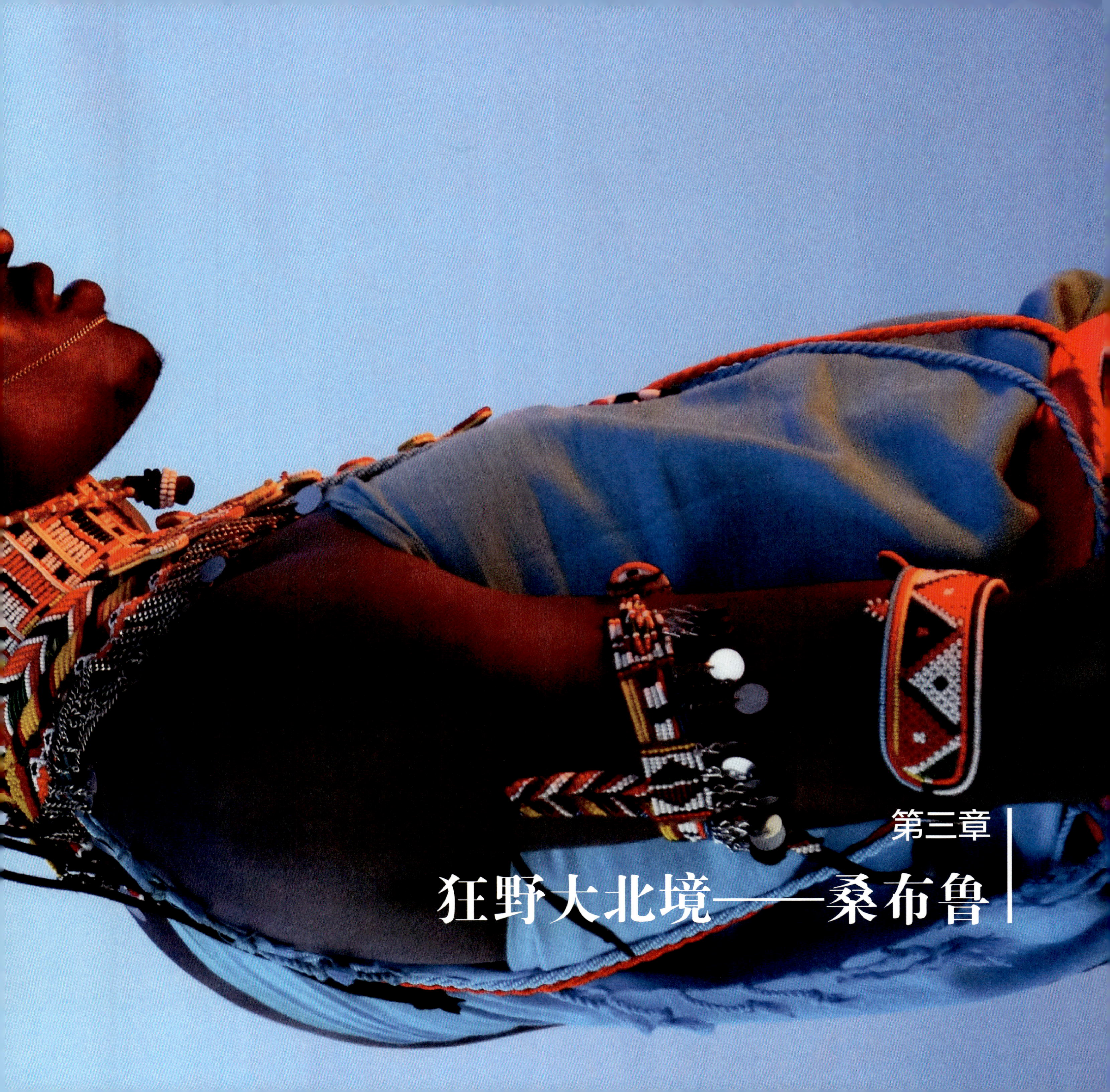

第三章

狂野大北境——桑布鲁

一封鸡毛信

蚊蚋聚集，雨要来了。

行军蚁形成的棕色“带子”阻断了道路，雨要来了。

鸦鹃的叫声，像水从打翻了的瓶子里汩汩而出，雨要来了。

当象群突然从遥远的地方迁徙返回，雨来了。

从坐落在依瓦索·尼伊洛大河旁的营地茅草屋里，“妈妈奥利娅”给我发来一封带着野花气息的丛林鸡毛信：

从这头到那一头，桑布鲁已经基本上都开放了。很多东西需要修理，为了迎接即将到来的旺季游客大侵袭（她真的用了“invading”这个词，我很同意）。营地里的树和灌木长疯了，需要给它们稍稍理下发。很多很多野花，鸟儿和蝴蝶。待在这里感觉真棒啊！我们如此幸运，还拥有这样的地方。

亲爱的尤妮斯[①]，你什么时候回来？

① 尤妮斯是作者的英文名音译。

妈妈奥利娅是我的桑布鲁文化导师，她的爱人是世界著名的大象专家。她的鸡毛信，通常都是真的鸡毛信，别着一根缀着无数圆点点的珍珠鸡羽毛，来自桑布鲁荒野。

我在非洲生活和工作的时候，也被称为“妈妈尤妮斯”。妈妈，是当地人对女性的尊称，放在名字前边。

雨季到来时，野花会一夜之间开满红土地，细细碎碎地，遥望着明澈的繁星。我隔着半个地球，遥望着深爱的“大象国度”：

位于肯尼亚北部的桑布鲁，是一个遥远的“奇异之乡”。

它是我的“阿凡达星球”。

在这里，我和大象生活了一大段时间，住在大象喜欢的依瓦索·尼伊洛河畔。每天，懂得大象的桑布鲁勇士，都会带我去看大象。我们什么都不做，只是静静地和象群待上一段时间。

它们嚼树枝，我们吃盒饭；它们饮水，我们喝茶；它们玩泥巴，我们赶苍蝇。

象群悠闲地大嚼树上掉下来的棕榈果，举着长鼻子搜寻灌木丛中一切可以吃的好东西。可爱的小象跟着缓缓而行的大象，好奇地打量着我们，突然被绊了一个嘴啃泥。它撅着小屁屁，努力地想站起来。大象妈妈不慌不忙地转过身，用鼻子轻轻推搡几下，助一把力。

抱着一杯烫烫的芳香甜茶，在那里静静地看着，充满了喜悦和感恩。

我们通常把车停在河畔的林荫里。大河奔涌，清澈的阳光倾泻如雨。鸟语婉转，蝴蝶飞舞。小象站起来了，开心地甩着小鼻子，朝着它喜欢的泥巴奔去。

一切都没有被惊动，除了你的心。

很多时候，大象的皮肤距离我只有几厘米，鼻子里热乎乎的气息扑了满头。我吓得埋头屏住呼吸。“它在记住你的气味，它在认识你”，坐在一旁的桑布鲁朋友轻轻笑着说。

慢慢地抬起头，哈哈，大象原来有毛！灰色的粗糙皮肤上，稀稀拉拉支棱着几根硬毛，太近了，简直像透过放大镜在看我刷鞋的毛刷刷。刚想笑，却瞄到巨大的鼻子后边，一双灰色的眼睛安静地盯过来。唔，睫毛好长，眼神就像，在看一个小玩具。

桑布鲁平原，是我开始真正懂得大象的地方。因为我遇到了好老师——那些温柔而自尊的桑布鲁勇士。是他们，令我懂得了荒野巨兽的温柔。

陪着妈妈奥利娅一起去荒野散步的时候，桑布鲁勇士会一直守护在我们身边，提防野兽近身。暮色降临，他们会自然而然使用钻木取火的方式，快速点燃一堆篝火。荒野里到处是野生的橄榄木，其干树皮中富含容易燃烧的油脂。他们把随身携带的长刀垫在地上，将一块硬木棍削尖，用双掌夹紧，对准一块软木反复压搓。冒烟的木屑被轻轻拨落在揉碎的树皮里，再吹几下，火苗“腾”地就起来了。点一堆火，3 分钟不到，轻而易举。

在一天天的学习中，他们带着我，无限接近他们的密友——熟识的大象和它们的家族成员。

去桑布鲁之前，我已经去过非洲不少保护区。与桑布鲁老师的相遇，让一个重生版的全新“萨法瑞”，呈现出令人感动的本真和美丽。

一早天不亮出发，傍晚才回到神奇的大象营地。在被高大金合欢树和彩色的桑布鲁手绘拥抱的阴凉帐篷里，倦然入睡。

突然间惊醒。大象低沉的吼声滚滚而过，扑向因惊喜而凝固的身体，从灌木丛中呼啸而过，奔向无限遥远的荒原，直抵星空。

异域公主

产生爱慕，是因为才开始懂得。

穿过灌木丛中荒凉破败、一闪而过的小村落。狂躁的尘土和炽烈的阳光布满的地平线，梦境般浮现一连串蓝灰色的小丘陵。站上一处小坡地，一条大河横切眼前的荒天荒地，安静地奔涌而过。

很多旅行大师形容这片荒野“很性感”。我知道，如果换一个语境，譬如在灯红酒绿的都市，这个词和“狂野”一样，早已沦落。这是骨灰级非洲玩家心目中的“性感美女”，桑布鲁。

机警的长颈羚在青葱的刺荆棘树下寻欢，艳丽的珍珠鸡和黄脖鹧鸪聒噪着，欢乐地奔跑而过；大大耳朵，被昵称为“米奇”的细纹斑马，天真无辜地眨着大眼睛，转过身去，留给你一个密集黑白纹、令人眼晕的华丽背影。蓝青色的强光背景中，桑布鲁人的圣山“奥劳劳克崴”巍峨耸立。

仿佛异域公主，被红土蓝天、干旱酷热却又生机盎然的自然奥秘守护，这是前往肯尼亚“大北境”的探险家乐园，人间驿站的最后一座奇异“温柔乡”。

对于初来乍到的异乡客，这是一片光怪陆离、令人莫名其妙心跳加快的荒野异域：

静立在河畔的举着刀叉的“丫丫”棕榈树，约会时喜欢穿蓝色裤袜的索马里鸵鸟；“巧克力”花纹的北方长颈鹿们总是穿得很整齐，奶油色的“齐膝短袜”，“女生”们则梳着可爱的小毛刷辫子。传说在纳米比亚沙漠才能见到的剑羚，总是佩戴着直刺苍穹的一对长刀，像一个传说，突然现身在寂寞的荒野里。比起南非剑羚，这些更低调的东非剑羚的后腿没有黑斑。

刘宜孟翰 / 摄

桑布鲁国家野生动物保护区南部的大河一带，是看动物的核心地区。

以河为界，另一边是水牛泉国家公园，加上国道对面的沙巴国家公园，整个地区，都属于广义上的桑布鲁平原。这3个国家公园，被称为桑布鲁平原的“三重奏”。再往北，过了圣山奥劳劳克崴，就是真正荒凉的肯尼亚“大北境”。

桑布鲁平原上总是蒸腾着热气流。这些美丽、奇幻的野兽，自带不能直视的光亮，出没在繁密的灌木丛、荒芜的砾石堆、壮观的丘陵和巨岩之间，自由野性，行踪无定，总是让我想起阿凡达世界。

一条温柔而狂野的大河，是这片大地的生命线。

依瓦索·尼伊洛，意为“红棕色的河水”，肯尼亚北部最美丽的大河之一。一场大雨过后的两三小时，红褐色的洪水就滚滚咆哮而下，一两天后又会慢慢变成潺潺静流，安静迷人。旱季的时候，河岸两边的大象往来嬉戏，饮水觅食，滚泥巴浴，简直一派生机勃勃。

我们下榻的营地美丽简约，与大河温柔相依。苍茫天地间，犹如乱头粗服、素衣美颜的美人，特别打动人心。

抵达时正是正午。长途奔袭的疲惫和赤道线烈焰的无情，令人只想躲在水边的阴凉中不出来。在水一方，大象就在河对岸饮水；艳丽的飞龙蜥蜴在屋角打盹，它们长得很像蜘蛛侠。闭上眼睛，感受一丝凉风吹过裸露的肌肤，灌下一大杯冰凉的苦柠檬水，这才像过分饥渴的植物，慢慢卷展开枝叶。

大河静涌，鸟语寥寥。胖乎乎的蹄兔从门口一堆岩石里探出头来，瞅了我一眼，悠然卧定，欣赏大河两岸的风景。它才是这里的主人。

比起别的保护区，桑布鲁的午休时间更要长一些，一切都在炙热的白光中昏昏欲睡。

午后这段时间野生动物不会多，于是就留在营地小睡一会儿。恍惚中，猴子们蹦蹦跳跳在纱窗和帆布门外偷窥，在屋顶玩耍打滚儿，弄出“咕咚咚”的声音。风扑进来，迷糊糊地拉开毯子盖起来。

鸟鸣阵阵，河流滚滚。金色的光芒从床头转到床脚，光色变幻，越来越艳丽。是时候起来喝茶了，一杯浓香的奶茶，还有一小碟精致的点心，然后驱车去找动物。这个雷打不动的安排，几乎是每天的仪式。

傍晚时分，霞光刚刚黯淡下去，艳丽的篝火舞动，先来上一杯鸡尾酒。清澈的月光落在暗涌的大河里，整个桑布鲁平原都熠熠生辉。

花豹秘境

雨季的桑布鲁平原像是打翻了的调色盘，浓绿、银灰、墨兰、金灿灿。一切都湿漉漉的。

长颈羚、剑羚、小犬羚和黑斑羚到处都是，疣猪一家子满地跑着。黄脖子鹧鸪“噪呱”鸣叫着，从草丛中扭扭哒哒地跑出来。红嘴犀鸟和黄嘴犀鸟在枝头跳跃，争抢“播报新闻头条”。所有的生灵都异常满足，有吃有喝，有澡洗，有恋爱谈。

在一个潮湿的雨季，我在桑布鲁邂逅了一对花豹情侣。

众所周知，花豹是“非洲五霸”里最难邂逅的。桑布鲁地区，是肯尼亚能够比较容易看到花豹的少数几个地方之一。

动物世界的白天，大部分时候也很无聊。跟着象妈妈出来玩耍的小象宝贝出现了，它们总是最令人心动。天生无惧，顽皮好奇。

非洲的夜晚，是属于大猫们的。只有在清晨和傍晚，远道而来的访客才最有可能看到猫族们的狩猎。花豹的出现，犹如白日里的灿烂烟火，每次都是惊喜。大多数时候，有双琥珀色的眼睛静悄悄观察着你，从懒卧的密林深处，高高的某一根树杈上，而你却看不到它。

行踪隐秘，习惯独居，美丽的花纹又极易在金合欢树斑驳的树影间藏匿。这神秘、疏远和不确定，总是揪着人的好奇和期待。

吃早餐的时候就听向导说，一对花豹正在附近度“蜜月”，引起了我极大的好奇。在密林和灌木丛中耐心转了很久，我们的车辆第二个抵达“蜜月”现场。

一个纪录片团队随后也匆匆赶到。交配期间的花豹异常敏感，不断地更换地方试图隐藏。我们小心翼翼地，慢慢地跟着，不断换角度找车位。在密林中找花豹，必须严格遵守野生动物保护条例，尽量不压着草地，顺着车辙走。

“蜜月”刚开始，母豹一直有些抗拒，隐藏在较深的密林中，公豹一次次被轰出来。无奈植被太繁茂，司机带着我辛苦地绕来绕去，总是只拍到花豹的一点点身子或者尾巴，很容易就对焦到层层遮挡的枝叶上去。

突然间，公豹悻悻然溜出来，在车头前卧倒，挠挠痒，吐吐舌头，看看四周。看它那一副沮丧和尴尬的样子，我们简直笑倒了。旁边一辆 BBC 纪录片团队的车辆里，摄影师跪倒在副驾驶的座位上，探出身去连拍不停。

它轻轻一跃，消失在大海一样深的密林中。

回到营地，灯火已经亮起。夜晚异常喧闹，充满了动物王国的各种声音和动静。睡在帐篷里，将所有的灯一一熄灭。

河水粼光闪闪，流动的云朵发着光，似太空飞船，一朵朵从头顶滑行而过。

融化在清凉的月色里，似乎睡着了。夜里的风，依然是暖的，带着大河中的湿气和生机勃勃的各种秘密。清澈月光和河流的荧荧波光里，缓缓浮现出整个花豹的世界。它在那里，向你敞开。

我记得每一个有月亮的夜晚，看到了蝴蝶的颜色、大象的眼睛和花豹的秘密。

蝴蝶部落

他们皮肤黝黑发亮，目光如星。身材高大，四肢纤长。喜欢赤着脚，穿着依照古法，非常讲究，衣饰绚丽，缀满了彩珠和花朵。色彩斑斓的衣饰，只是为了显示对美丽家园的爱意。

这些桑布鲁勇士，是《阿凡达》里潘多拉星球的纳美族人的原型之一，以其美丽和色彩斑斓的装饰、服饰和发型而闻名于国际，因而有时被称为“蝴蝶部落”。

桑布鲁人喜欢彩色。在路上，我遇到过很多在荒野中赶路的桑布鲁人，也停车捎带过几个人，送他们去下一个路口。在荒野里看到蝴蝶羽翼一样美丽的衣饰，令人心生欢喜。

他们平常也穿得这么隆重，只是为了好好生活而美，无论身处多么荒凉的地方。即使在荒野里一个人行走，他们也常常哼着歌儿。

我住在营地的时候，每天早上桑布鲁勇士一边摆早餐一边即兴唱小曲，伴着林子里活泼的鸟叫声，特别好听。

耳聋转角遇见死神，倾听则被神灵祝福，桑布鲁人说。

桑布鲁人和马赛人一样，信仰万物有灵。他们对大自然的一切都在时时细细观察、聆听。行走在荒野里，和野兽们共享同一片土地，耳聪目明是天赋，也是保命的基本功。

平原的南部，壮丽的肯尼亚山麓与北部荒漠交汇。北边的圣山奥劳劳克崴，是肯尼亚“大北境”探索之旅的起始地标。桑布鲁平原，就在这两座神山之间。传说中大神“恩盖”居住在美丽的圣山之顶，它随时可以化身为繁茂的老榕树、清澈的泉流、开满鲜花的溪谷。

在这片土地上，桑布鲁人尤其钟爱圣山奥劳劳克崴。我曾经两次徒步登顶圣山，那是一个非常浪漫灵气的野性圣地，拥有与众不同的云乡、清泉、星野、森林、雕崖和大象营地。

“我也知道姚明，他是我的朋友！”妈妈奥利娅的助手皮特突然开心地接过话头。他是个帅气的桑布鲁小伙子，华丽的头冠上细心地别着商店里买来的塑料玫瑰小花，和长长的野鸟羽毛搭配在一起，漂亮又时髦。

妈妈奥利娅很喜欢姚明。2012 年姚明的非洲公益之旅曾下榻这里，整个营地连夜为“小巨人”订制了一架新的 2.8 米大木床，天亮了才发现这张床根本进不了帐篷，不得不再拆掉一大半帆布拉链门。“哎呀，我漂亮的帐篷都要被弄塌了！”每次讲到这里，她笑得眼泪都出来了。

姚明的公益活动在国际上产生了巨大的社会反响，至今为人称道。整个营地的桑布鲁小伙子都记得他：英文很好，彬彬有礼。站在以高大健美著称的桑布鲁勇士中间，姚明绝对优势胜出。哈哈，高大的皮特也很服气。

约 500 年前桑布鲁人才抵达这一带。他们和马赛人同源，来自尼罗河一带。到达肯尼亚之后，就分道扬镳了。比起亲缘关系很近的马赛部落，桑布鲁人更加传统，每隔一个多月就会赶着牛群转场，以确保牛群吃到草。

桑布鲁人通常是几个或者十几个家庭为单位组成“流动村”。屋子用泥巴、牛粪、生牛皮、草席和木桩组合起来，外围用刺荆棘围绕一圈，以防止被野生动物袭击。这些营地被称为“马尼亚塔”，屋子的材料拆起来方便，以便随时迁走。男人们的主要工作就是照顾牛群，女人们则负责采集根茎和蔬菜、挤牛奶、取水、拾柴、做饭和照顾孩子。男孩和女孩各自跟随父母劳作。

所有的非洲人都特别喜欢唱歌和跳舞。

一生需要跳舞的场景太多啊！

跳舞的基本动作是连续不断地跳高，这种立正跳高，我昵称它为“旱地拔葱舞”。很多舞蹈妇女们也可以加入。大部分时候男女分开跳，也有很多互动。如果你想参加他们的舞蹈，你得在那里，让桑布鲁的帅哥们用赭石粉染成红色的长发辫打在你的脸上，尘土扑面而来，带着牛羊群落的气息。

进入桑布鲁的村落，是一场味道、颜色和声音混搭的独特体验。绝对独一无二，令人眼花缭乱、意乱情迷。

巨岩之顶

当你站在非洲荒野中，天上地下，踏踏实实站在风里，没有依赖着什么。那时的思念，才是真正的思念。

北边和西边的荒野里，矗立着很多巨岩。光如火，在巨岩之上起舞。

下午 5 点半之后，天色转为蜜糖般的金黄，风也变凉了。和马赛马拉的大草原落日不同，在桑布鲁，看日落的最好地点，在这些巨岩之上。

顺着大象通道，一路点缀着形如“杯杯糕”的大象粪便路牌，我们经过桑布鲁武士修炼的古老洞穴，穿过干涸的季节河床，终于爬到了山顶。

斑点鬣狗在山下蠢蠢欲动，预谋发起一场惊心动魄的狩猎之旅。绚丽的金色光芒淹没一切，如瓶中的烈酒，如凌乱的羽翅。大风呼啸而过，青紫色的温柔山峦和天空的云朵连为一体。脱掉鞋子，粗糙的花岗岩蓄满了赤道阳光的热量，烫得心间柔软。

美酒在手，长风漫漫，席卷了一切想说的话。

致敬落日和荒野。

巨大无朋的整座花岗岩之上，你才看得清“肯尼亚北境”：遍布金合欢、没药属植物和埃及姜果棕的莽莽荒野，是桑布鲁人和无数野生动物生灵赖以生存的家园。干净，纯粹，无限。每一寸风景都包含着狂烈的非洲味道。只有天空和大地无限延展，天光变幻。

在这个格外拥挤和江湖的世界里，呈现出大河奔涌般脱俗的宁静，狂野和诗意。

Paul His/ 摄

LAKES OF THE
EAST AFRICAN
RIFT VALLEY

第四章

东非大裂谷湖泊——奈瓦沙湖、纳库鲁湖和博格利亚湖

住在『东非大裂谷』里

我在肯尼亚生活了很多年。

有时，一天之间，从拥挤颠簸、跳蚤肆虐的“玛塔图”中巴车上逃生，尘汗满面，转而就气定神闲地坐在了湖畔花园中。

金合欢树巨大的枝丫伸展，织成由嗡嗡的野蜂群、乳白色的甜蜜花球和槐叶状的翠绿羽毛组成的发光巨翼，向着透明轻盈的蓝天白云伸展而去。太阳鸟带着一溜儿轻捷花哨的鸣叫从眼前飞速掠过，像一道彩色的宝石之光，消失在树林深处；白头海雕急促响亮的啼声划破天际。一朵沉甸甸的云驮着雨水，拜访了波光粼粼的湖面。 大嘴鹈鹕和黄嘴鹳在阴凉的树影下觅食着，一副不知生活愁滋味的悠闲模样。

捧着心爱的翠色手工玻璃杯，我满足地灌下一大口爽口的冰镇白葡萄酒。汗消了，心里安静。

云开之处，有一只大手，从云端伸过来，轻轻将一切坎坷和深情都抹去。

把家搬到印度洋海滨小城——“非洲小米兰”马林迪之前，我在“火烈鸟之乡”纳库鲁的一所大学工作了5年，负责教育部的一个中肯合作项目。

纳库鲁市坐落在东非大裂谷谷底，因百万火烈鸟云集而世界著名的纳库鲁湖，距离我的大学只有20多千米。顺着前往内罗毕的高速路，刚出市中心有条小道往左拐，通往博格利亚湖。出城半个多小时，右手边能看到一片秀美的小湖爱丽门塔依塔，粉红色的火烈鸟落在水面，远远看过去，在大裂谷蓝灰色的山墙和烟火田园的衬托下，像是一个可爱的小小童话。

再往前开一小时多，大片金绿色的金合欢树林出现了，那里隐藏着东非大裂谷最美的湖泊——奈瓦沙湖。一路飞尘滚滚，仙人掌似的大戟树、河马和游船、成群的黑斑羚、飞鸟和远山……如同明信片一般依次缓缓呈现。风景和动物每次去看时都会有所不同。而心底的那个约定，总是不变。

纳库鲁湖、博格利亚湖、奈瓦沙湖、不太为人所知的爱丽门塔依塔小湖，都和火烈鸟有关，像一串美丽的珍珠，散落于东非大裂谷中间。

我没事就在这一带转悠、度周末。带上几本好书、望远镜、相机、保温杯、巧克力和水果，在湖光山色和鸟语花香的湖畔，安然隐居。

父母曾两次来肯尼亚探望我，我们用徒步和自驾的方式，一起认认真真地探索了大裂谷湖区一带。徒步“月亮岛”、纳库鲁湖看火烈鸟、奈瓦沙湖环湖 3 天自驾、博格利亚湖和巴林苟湖野游、登顶火山口……我把所知道的每一个美丽的角落，都捧在掌心，和同样热爱大自然的亲爱的父母一起分享。

那真是最棒的体验。

王荣星 / 摄

王荣星 / 摄

在非洲，有一种远足叫“灌木丛中的行走”。我和父母常带上望远镜，走过非洲的雨季和旱季，走过骄阳似火里亭亭如盖的金合欢树和酷似仙人掌的大戟树，走过因雨季迟迟未到而飞尘四起的灌木丛，追随着清晨野生动物们留下来的新鲜足迹。

身前身后，斑马、瞪羚、角马、长颈鹿、河马和水鸟，怡然自得觅食嬉戏。头顶上方，成群的野蜂围着繁星点点的金合欢花朵嘤嘤忙碌。若有若无的清香，预示着雨季的即将来临。

极目远望，非洲的天空，亘古湛蓝。

最美湖泊

船行水中，河马昂声大叫，在船头不远处喷出巨大的水花。大嘴鹈鹕、鸬鹚和燕鸥慌乱地逃离船只的行进路线，船浪，水花，水线多路交织，白浪滔滔，疾风中头发乱成草。白头海雕停歇在环湖的大树上，发出嘹亮、悠长的鸣叫，极富穿透力。它们知道有游客来，就有不劳而获的小鱼吃。

河马和鱼鹰互为应答的叫声，是非洲大陆的声音印记之一，总是和渔乡田园紧紧相连。

不远处，蓝紫色的大裂谷台地像一脉山墙高高耸立，远处的青葱田园层叠，仿佛水墨画卷，在天光云影中不停变换。

张志浩 / 摄

东非大裂谷，这个星球上最壮观美丽的地理奇观之一，在漫长岁月里孕育了一连串由熔浆、岩石、阳光和雨水创造的美丽火山和湖泊。奈瓦沙湖，便是其中最为美丽独特的一个。这个名字来自数百年来游牧在湖畔湿地和季节性草场的马赛人，意为“波光粼粼的水面”。

作为东非大裂谷中海拔最高的一个湖，很奇妙，它并不像其他大裂谷湖泊一样，是碱性的。深埋在湖心的新鲜泉水和周围高地森林的丰沛降水，为奈瓦沙湖提供了源源不断的珍贵淡水资源。

秀美的水羚羊特别喜欢东非大裂谷的湖区一带，它们离不开新鲜的淡水。

139 平方千米蓝宝石般的湖水（2020 年增加到 198 平方千米左右），周围镶嵌着的 69 平方千米绿缎带般的湿地，河马部落在这里安营扎寨。对鸟儿来说，这是世界上最好的淡水湖。在“全球十大观鸟基地”之一的中国江南水乡俗称“鱼鹰”的鸬鹚在湖岸边上随处可见。

早年，奈瓦沙湖一带野生动物满地走，繁茂的金合欢树林和非洲大戟树中散落着国际酒店、英殖民贵族的豪宅、俱乐部、赛马场和高尔夫球场，人们从欧洲飞去南非狩猎，把这儿作为中转站，喝喝茶歇歇脚，先打几天猎热身。20 世纪 60 年代，著名的野生动物保护和狮子专家乔伊·亚当森也居住在湖畔，完成了使他一举成名的著作《生来自由》。

湖边最早的乡村俱乐部现在仍备受游客追捧。

王荣星 / 摄

很久之前，一个小火山从湖中间喷发。完美的半圆形火山坑山脊露出水面，像一个大碗的碗边儿，成为现在的“半月岛”。从高空中看，内切的两个大小圆，大湖中套小湖，中心的月亮湖，最深处达 30 米。现在的岛主是一对避世而居的英裔夫妇，被我们笑称为“月亮岛岛主”。

奈瓦沙湖北岸附近，有两个秀美的袖珍小湖，前者湖畔林地野花烂漫，小疣猪快乐生活，牛羊闲庭信步，湖中河马和水鸟各自相安无事；后者在小小的火山口国家公园内，如一只小小碧玉碗，被高崖和青葱大树环绕，湖畔常年栖息着一群粉红色的火烈鸟。

我和父母曾经住在秀丽的小火山口湖边，追踪火烈鸟，仿佛整个火山口湖属于我们一家三口。

世外桃源

一只小长颈鹿矜持地从眼前路过。

我徐徐开过环湖小道，湖面忽隐忽现，大片的玫瑰农场和温室大棚点缀在丘陵和金合欢树林带之间。有一阵子，我经常驱车到幽静的湖北区农庄里度周末，每次经过湖北（奈瓦沙湖北部）那条被无数大榕树环绕遮蔽的土石小道，就像驰过一条时光隧道。清晨出发，中午抵达，刚好赶上午餐时间。到了这里，就是回家。

清晨明丽的光芒散落在清逸的金合欢树林中，绿荫可人，如一首隐者的宋词。林间充满了细碎顽皮的鸟语，烟花般的繁花渲染，一路顺着目光攀上古树，直到遮住了视线。满眼全是春天。彩色的三角梅攀爬到了高处，挂下来一道艳丽的花瀑布。织巢鸟盖好了房子，卖力地唱着求爱小曲儿。

远远的，灰蓝的大裂谷山色如清浅的诗意浸染，欢愉的黑斑羚在阳光下跳跃；斑马群在不近不远处觅食，偶尔淘气异常，滚滚蹄声从身边跑过，根本没把我放在眼里。我慢享着美好的午餐，农家沙拉和炒蔬菜，清甜新鲜，还有一瓶冰镇的象牙啤酒。

小疣猪哼哼着拱到桌前，甩了一地泥。黑白疣猴偷偷在树上窥视，弄掉了几朵火焰花。我捡起来，放在纸莎草编织的桌垫上。

TUSKER
FINEST QUALITY LAGER

TUSKER
TUSKER
FINEST QUALITY LAGER

这么喜欢的地方，当然要陪家人一起来。那年，我的侄子小毛同学和他的父母（大毛同学和小丽）来肯尼亚，我们在这里度过了一个童话般的假期。这里在野趣横生中又迸发出孩童般的欢乐，充满了家园的安逸和温暖。

美好的旅行终会结束，就像太阳会落山。而闪光的草地，摇曳的花朵，微风的形状，阳光停留在皮肤上那爱恋般的感觉，这一生，都不会忘记。

新旧火烈鸟天堂

10多年前的纳库鲁湖畔，一到旺季，就挤满了来自世界各地的游客和摄影师们，为了获得一张惊艳的鸟瞰图：一圈颤动着的“粉红色花环”包围着幽蓝的湖水，金翠色的金合欢树林带环绕湖岸。成千上万的火烈鸟嬉戏、进食、求偶、翩翩起舞。

那时候，作为“火烈鸟天堂”的纳库鲁湖国家公园超级火爆，在大部分初来乍到的中国游客心目中，这里位列肯尼亚的“旅游必去榜”首位！

2010年前后，因为气候和雨季的变化，纳库鲁湖的火烈鸟搬到了北部的博格利亚湖。“新的火烈鸟天堂”诞生了，蜂拥而至的游客挤满湖岸。

说实话，去一趟挺不容易！从内罗毕驱车直接前往，要近6小时。从纳库鲁湖出发也要近3小时。一路北行，愈来愈热，愈来愈荒凉，马路上坑洞满布，“图克图克”摩的、横冲直撞的“马塔图”中巴、随时跑上路面的牛羊和小孩子，再好的车也开不快。

煎熬中，突然抵达了，火烈鸟的粉红和热浪一起扑面而来。

张志浩 / 摄

王荣星 / 摄

博格利亚湖刚跨过赤道线北部一点，1973年建成国家公园，是世界湿地保护公约中的一员。它南北狭长，东西对岸相望，从卫星图上看，形似一个脖子长长曲线优美的土著女性。观鸟点一般在东岸热泉附近的湖岸，正落在丰胸和细腰的那段弧线上。

白日里淡蓝如烟的高崖守护在旁，正是东非大裂谷的典型地貌。

海拔一路从2000多米降到1000米，艳阳高照，蓝山绿水白光粉色，一时睁不开眼。这里虽然晒，树荫下却挺凉快，因为特别干燥。无数粉红色的飞鸟在眼前起起落落，不停飞舞，却还是显得安静和荒凉。

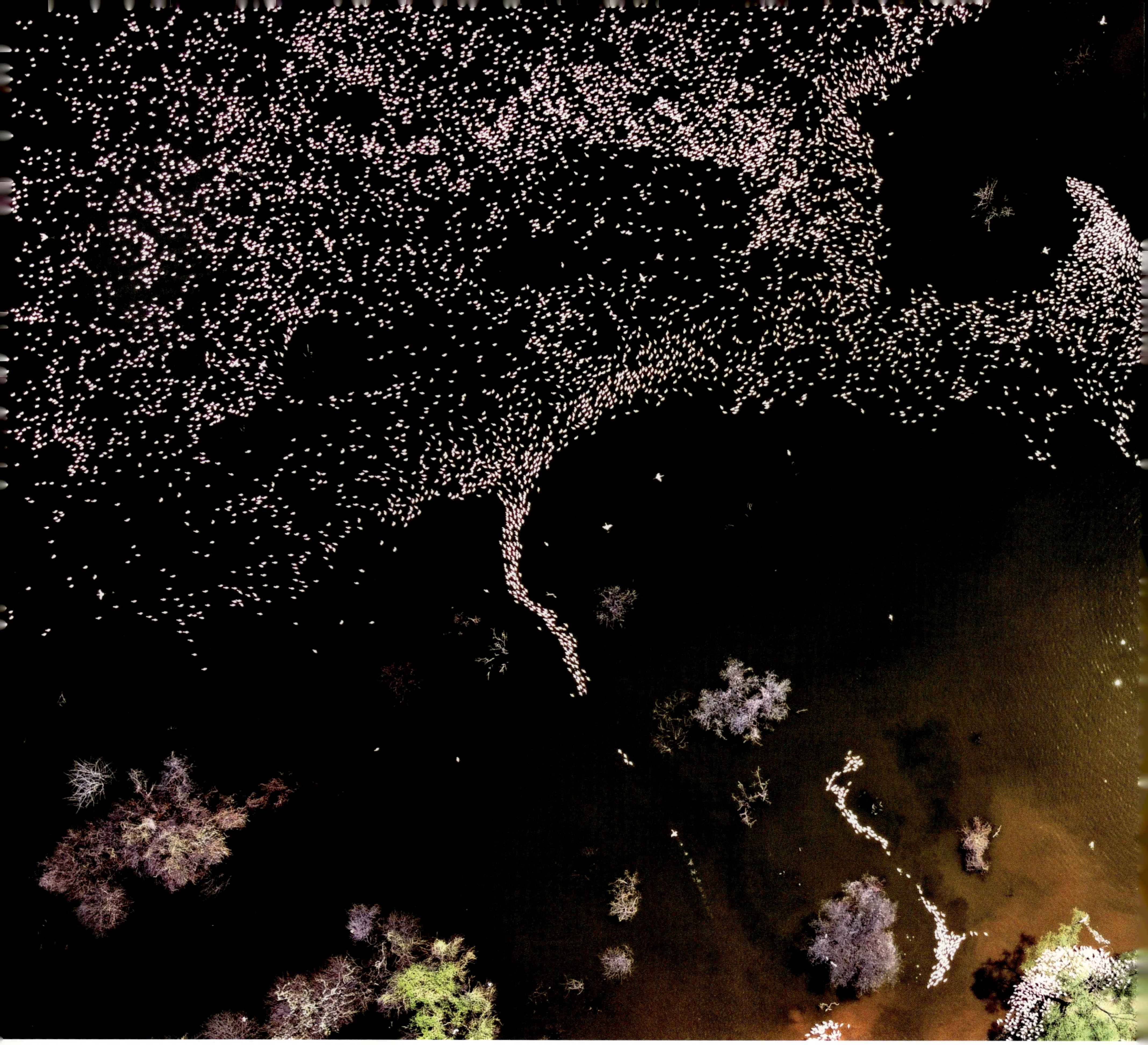

刘宜孟翰 / 摄

刘宜孟翰 / 摄

盘旋的鸟群一会儿就飞往对岸了。碱性、温暖的湖水是蓝藻和其他一些微生物的极佳培养基，这些是小火烈鸟和其他一些鸟类的食物。湖中生活着大约50万只火烈鸟，有时会增加到200万只。博格利亚湖，是一连串12个东非大裂谷湖泊从北向南的第4个，性格中庸，仅有的出彩之处，就是随性迁徙的火烈鸟群和湖边自娱自乐的热喷泉。

简朴的售票厅大门，被一座高高大大的白蚁城堡守护着。周围的灌木林带中除了斑点鬣狗以外没有猛兽，可以一直步行到湖岸。附近的老百姓将牛群留在周边自由吃草。

湖畔风景早晚最美，附近却没有地方留宿，除非野营。大门口有个非洲本土设计的温泉酒店，简单朴素，旺季时挤满了中国游客。

跟风姿绰约的纳库鲁湖比起来，博格利亚湖的动植物资源要逊色很多。除了火烈鸟，就属身上带着白色条纹的大捻角羚最吸人眼球了。

当地人来这里玩，都要准备生鸡蛋。用沸腾的热泉水煮出来的鸡蛋滑滑嫩嫩，是湖边野餐的必备。要将鸡蛋放进塑料网兜，系紧口，用一根长树枝挑着放进热泉中间。

沿湖一带，大约有 200 个热泉。靠近东岸野餐点的这几个，周围散落着树枝，都是用来煮鸡蛋的。热泉和间歇泉，自娱自乐地咕嘟嘟欢乐着。间歇泉动静很大，喷起来的时候要特别注意不能靠太近。

博格利亚湖，是非洲间歇泉最集中的地域，被确认的间歇泉至少有 18 个。湖水的 pH 值达到 10.5，含盐量达到了每升 100 克。可能是这个原因，鸡蛋煮出来很有风味，没有腥气。

回去的路上，人们通常会停车买个西瓜或野蜂蜜。这个地区干热，类似新疆有些地方，出产甜蜜的西瓜。路过一个小镇，满街都是歪歪斜斜的铁皮屋，或就停车下来找个卖西瓜的水果摊。

刚一开口，就被摊贩们围起来，抢着要卖给我们。当地老百姓一向称呼外国人“木尊古”(白皮肤的人)，逮到了就“狮子大开口”。如果用斯瓦希里语，报价会便宜一些。不然就得叉着腰吸一口气，底气十足、耐心十足地慢慢砍。孩子们被爸爸的相机吸引，围过来抢镜头，也期待着糖果什么的小收获。

路边，一闪而过挂满织巢鸟窝的金合欢树，大片用来做篱笆的巨仙人掌。快乐而有礼貌的孩子们，穿着朴素好看的校服，“哈喽哈喽”地招手应声。走过多少路，都是这样，在昏昏欲睡的颠簸中经过了。

耐得住，便抵达火烈鸟天堂。

GOD'S HOME:
MOUNT KENYA
AND ITS ENVIRONS

第五章

上帝的家园——肯尼亚山及周边

上帝的家园

这个星球未来最奢侈的事情是什么呢？干净的水和空气，鲜花盛开、蜂蝶飞舞的溪谷，被云朵亲吻着的山峦和森林，美丽的生灵和人一样拥有自己的居所。

对于我，最美好的奢侈，就是世外桃源和动物世界的完美相融。每每想到这一点，我便停止了对非洲的挑剔。

清晨的空气凉爽，却浓郁，充满了丰富而甜美的原野气息。太阳渐渐升起，到达了非洲第二高峰——肯尼亚山的顶峰。拱形的瓷蓝色天空中闪耀着耀眼的光芒，飞舞的云彩高高在上。光线如此清澈，你可以看到很远的距离，和令人难以置信的细节：

金合欢树林里，三两只网状格纹长颈鹿正在悠闲进食。它们长长的灰白色的舌头，在葱绿柔软的羽状叶片和白色的长刺之间灵活游走。

约 300 万年前，“地球最大的伤疤”东非大裂谷在千万年巨变中基本成形，一座 7000 多米高的壮丽复式火山在烟尘中诞生，当时高过非洲之顶“乞力马扎罗”。肯尼亚山诞生了，赤道线横切而过，它才是真正的“赤道雪山”。

当地人说，神钟爱此地，巡视人间时常静坐沉思于此，偶尔将歇息的腿脚放在对面的阿伯戴尔山。肯尼亚境内这两山之间壮美的峡谷和平原，因此被称为“上帝的家园”。这是一片“鱼与熊掌兼得”的佳美之地。

鸟声宛转悠扬，雾气贴地漂浮。海拔接近 2000 米的肯尼亚山脚下，一早一晚寒凉需多多添衣。我一掀被子，光着脚丫就跑出去看山。

经历了冰川溶蚀的肯尼亚山如今只有 5199 米高，这个常被忽略的“非洲第二高峰”，是肯尼亚国名的来源。它的古老和美丽被赤道冰川和森林覆盖，隐藏在部落传说的迷雾中。翻覆的云朵遮蔽了山顶，露出巨大山体的蓝紫色阴影。灰绿色草地上蹦跳着黄褐色羚羊，在蜜糖色的风中，开心地表演着清晨体操。

露水洒满草地，雾气霭霭萦绕，呼吸清甜。阳光越过山峦之后，很快就变得灿烂温暖。金子般的阳光充满了每个空间。

鸟声宛转悠扬，雾气贴地漂浮。海拔接近 2000 米的肯尼亚山脚下，一早一晚寒凉需多多添衣。我一掀被子，光着脚丫就跑出去看山。

经历了冰川溶蚀的肯尼亚山如今只有 5199 米高，这个常被忽略的“非洲第二高峰”，是肯尼亚国名的来源。它的古老和美丽被赤道冰川和森林覆盖，隐藏在部落传说的迷雾中。翻覆的云朵遮蔽了山顶，露出巨大山体的蓝紫色阴影。灰绿色草地上蹦跳着黄褐色羚羊，在蜜糖色的风中，开心地表演着清晨体操。

露水洒满草地，雾气霭霭萦绕，呼吸清甜。阳光越过山峦之后，很快就变得灿烂温暖。金子般的阳光充满了每个空间。

作为肯尼亚最好的度假之地之一，远道而来的国际游客可以选择驱车或骑马观赏野生动物、徒步和攀登肯尼亚山、穿越阿伯戴尔山地森林，还可以乘坐直升机飞去冰湖钓鳟鱼，在山涧里的农家餐厅享受新鲜的炭烤鳟鱼。

森林密布的阿伯戴尔山国家公园内有两个地方中国朋友常去，一个是曾被国际游客热追的“树顶酒店”，一个是低调大气的“方舟酒店”。肯尼亚山国家公园是徒步、登山和高山冰湖钓鱼爱好者的天堂，山中有个威廉王子曾下跪求婚的度假小木屋，冰湖如镜，宝石般艳丽的太阳鸟穿梭在满山石楠树植物里，快乐地歌唱。浮云飘飘，明月当空，是理想的避世之所。

肯尼亚山脚下有费尔蒙特俱乐部酒店和小动物孤儿院，两山中间有阿伯戴尔山俱乐部酒店，都分别接待过很多中国访客。这两个地方都自带私人保护区，前者面对云遮雾绕的肯尼亚山，被青葱森林和迷宫花园环绕；后者三角梅花开成海，孔雀在花团锦簇中散步。环境非常美，让人到地儿了就不想动。

肯尼亚山西部有一大片荒野，属于莱基皮亚郡，大大小小一共分布着 24 个私人保护区。中国访客去得比较多的奥勒·皮杰塔保护区（中国人习惯称之为“甜水园”）是其中的一个，其中的犀牛保护项目和黑猩猩中心很有国际知名度。另外一个“七星”保护区，拥有号称“蜜月度假地首选”的浪漫“星床”。拥有网红设计师酒店“鸟巢”的赛格拉保护区，则被称为“非洲新旅行和新艺术之乡”。我的好友伊丽莎白家的花园马术农庄，则在另一个保护区。

肯尼亚山下，还有几个可以单独列出的私人保护区，包括英国皇室成员的“萨法瑞”基地莱瓦保护区，以犀牛、金合欢树沼泽和“世界十大野地马拉松”而闻名。肯尼亚野生动物管理局（KWS）管辖的索里奥保护区，是世界上最古老最成功的私人犀牛保护区之一，被称为“肯尼亚私家野生动物保护区的灯塔”。

每个私人保护区占地面积大小不一，小的差不多等同于北京东城、西城区的面积，大的差不多是丰台区那么大，各自都对应着1~2个小众而优美的精品酒店或营地，一个个美得像《指环王》里精灵族的居所，10个指头根本数不过来，是真正的“小而美”云集之地。

赤道经过 13 个国家，肯尼亚就是其中的一个。从内罗毕前往肯尼亚山，或从肯尼亚山转往纳库鲁湖，这两段路都要经过好几个赤道线手绘标志牌，立在路边的铁皮小商店前面，色彩鲜艳，相当简陋，却也蛮可爱的，很有非洲乡土气息。游客路过，免不了要停车拍个纪念照，顺便上个洗手间，买点纪念品，喝杯当地甜茶。

全球的赤道线标志点，似乎都会给访客演示一个有趣的“水流旋转实验”：一个底部有洞的盆子盛上水，水流垂直下落，流到下面的桶里。一根小火柴棍被放在水面上，以便游客可以仔细观察形成小旋涡的水流的旋转方向。

一线之隔，相差二三十步的南北半球，水流旋转方向截然相反，而站在赤道线重复这个试验，火柴棍几乎静止不动。即使你能觉察到，这明显的视觉效果来自巧妙的手法，但复习了中学地理课的“科里奥利效应”后，接过赤道线证书时依然很开心，那上面赫然盖着“肯尼亚赤道小镇”的邮政戳呢。

肯尼亚山脚下的费尔蒙特俱乐部酒店更把这个小实验变成了一个富有美感的赤道线仪式 ：赤道线穿庭而过的花园里，被种上了一棵亭亭玉立的金合欢树，再用花砖铺成了赤道线人行道。游客一脚踩在北半球，一脚踏上南半球，瞬间完成“大环游”，被身披黑白疣猴皮毛装饰的基库尤部落歌舞包围，接过证书合影留念。

出了内罗毕北郊一小时之后，起伏蜿蜒的路两边花草繁茂，庭院可爱，绿意盎然。香蕉树、芒果树、木瓜树和桉树郁郁葱葱，山花点缀，羊儿、狗儿和牛儿混合的凌乱鲜艳的当地集市，满眼看不够。

雨水丰沛，土壤肥沃，肯尼亚当地老百姓向来钟爱这里。肯尼亚山脚下拥有大片农庄和私人保护区，这几年吸引了很多肯尼亚人，纷纷卖了内罗毕凯伦区的豪宅大院，举家迁来此。在天大地大的荒野灌木丛里骑马巡山，侍弄花草，一方面有大片荒地可耕种可开发，一方面又攥着大把现钞悠闲度日，所谓“神仙日子”。

每每开车路过这一带，都羡慕当地人拥有的好山好水好土地，那真是“攥一把淌蜜”“种啥似乎都能疯蹿个儿”的红褐色肥土。我经常去的伊丽莎白家的农场，很多花籽都是她从英国带来的，播撒在非洲的土地上，像魔法般一个雨季就长成一大片，开成一个浪漫的小小彩色世界。

一茶一饭皆是故事。蜜糖色的风灯围坐在昨夜熄灭的篝火旁，像是刚开完一个星空会议。威风凛凛的大戟树、浓绿喜人的大榕树，荒草摇曳，鸟声阵阵，斑马、长颈鹿就在不远处的林子里混吃混喝，斜着眼睛侦察这桌下午茶的动静。

比起荒天野地的其他偏远保护区，这里的饮食很可口。新鲜无比的羊肉串，大块大块浓汁厚味，大盘新鲜的田园沙拉搭配非洲特色的黄灿灿的小米饭。搭配一杯冰爽白葡萄酒，简直不要太惬意。金灿灿的透明阳光将一切涂抹成蜂蜜的香甜颜色。杯子上手工绘制的鸟儿，大盘新鲜芒果，一大壶新鲜咖啡。满园蜜蜂嗡嗡飞舞。

金色的光线里，幸福自然而然生长，像飞舞的细细花粉随风自在蔓延。阴郁的云雨在青紫色的肯尼亚山麓那边堆积。突然，晶莹雪白的冰川出露，沾染了透明的金粉色霞光，瞬间映红无边无际寂寞的原野。

ROBIN
KINGFISHER

犀牛王国

我轻轻地把手放在犀牛“苏丹”（Sudan）身上。布满干泥巴的皮肤粗糙温暖，像塞伦盖蒂大草原上被晒了一天的古老岩石。它的耳朵后面凉凉的，好柔软。

北白犀苏丹是世界上最著名的一只犀牛。它去世前几年，我和朋友们去看望它。2018年3月19日，苏丹因“年龄相关的并发症”被实施安乐死之后，北白犀只剩下世界上仅有的两只，苏丹的女儿“纳金”（Najin）和孙女“法图”（Fatu）。

白犀牛性情温柔，是食草的“史前巨兽”。

“苏丹”最后的岁月，在肯尼亚的奥勒·皮杰塔私家保护区安详度过。每年有6万~7万名国际游客抵达这里，很多人就是为了来看一看世界上仅存的最后几只北白犀。

奥勒·皮杰塔很出名，它是位于肯尼亚中部的一个非营利野生动物保护区，占地约360平方千米。拥有“非洲五霸”和种类丰富的野生动物资源，“世界上最后的北白犀”，以及“甜水黑猩猩庇护所”，是一个广受世界游客欢迎的肯尼亚旅游目的地。山地森林和灌木草原带相结合的无边旷野，季节性河谷覆盖着繁茂的金合欢树和野生橄榄树，起伏的山麓拥抱着温柔的谷地和草原。壮丽的肯尼亚山，像时光雕塑一样蚀刻在地平线上。

单从景观、地貌和动物拍摄的角度来说，这个由殖民时期的牧场转化来的私人保护区，并不是最出彩的。我以前自驾的时候，总是觉得这里不够野、不够美；动物不够丰富、景观太单调。一直有些好奇，为什么奥勒·皮杰塔的声誉如此之高，在旅游、野保和社区项目上都运营得非常成功？

作为东非最大的黑犀牛保护区，奥勒·皮杰塔是有着 140 多头黑犀牛的数量里程碑。它的宗旨是：保护野生动物，并为来自西非和中非战乱地区的黑猩猩提供庇护所，并通过野生动物旅游和社区企业来创造工作机会和收入，用于保护野生动物和再投资。

清晨和傍晚，可以清晰地看见肯尼亚山瑰丽的剪影，天气也总是很舒适，由于平均海拔比较高，赤道线一带燥热的天气转为清凉，兽声和鸟语格外新奇和动听。保护区内的住宿选择很多，有帐篷酒店、奢华木屋、自助营地。我最深刻的活动是采访和参与了反偷猎小组的模拟演习，现在这个项目已经成为一种常规的访客参与活动。

我们一队人分作两组，一组先出发半小时，在前边扮作偷猎分子。我当然要挑第二组，扮演追击偷猎分子的英勇的侦察队队员！

大热天，我们背着沉重的相机和背包，一阵狂奔！边跑边拍，呼哧呼哧地大喘气儿。尘土飞扬，还洋洋得意觉得很有拍电影的感觉！

狗狗发现了前面藏在灌木丛后边的“坏蛋”，一下子扑过去！却扑在了队长保罗身上，他手中举着一根香肠！狗狗知道任务已经完成，露出一副吃货的可爱傻样儿！我们都笑了！但我们都知道，在实际的反偷猎活动中，那种危险和惊心动魄，绝不是像今天这样好玩儿的。

园内的甜水黑猩猩中心是肯尼亚唯一能够看到黑猩猩的地方。

参观不需要额外门票。通常，向导都会先带你进入一个绿色的铁皮房，这里的图片和资料讲述了黑猩猩保护区的由来。肯尼亚并不是这些黑猩猩的原生地。在中部非洲布隆迪爆发的战争和动乱中，它们失去了家园，被捕捉和贩卖，饱受人类虐待，又被善良的人类拯救，转移到安全稳定的保护区内。目前，这里由保护区、肯尼亚野生动物管理局和珍·古道尔研究所三者共同管理。

黑猩猩的自然栖息地范围从西非海岸的塞内加尔，穿过非洲中部的森林地带，一直到乌干达。黑猩猩和大猩猩还不一样。乌干达、卢旺达一带分布着世界上仅存的山地大猩猩群落，它们体型更大，却性格温良。而黑猩猩的智商更接近于人类，有很多和人类近似的情感表达。

初来者总会有些意外。当来到了巨大的铁丝电网林立的“黑猩猩保护区”前面，你才意识到，这其实是黑猩猩收容所，大多数黑猩猩都有身体和心理的残疾。在抢食工作人员分发的蔬果和食物时，它们经常会突然爆发，出现歇斯底里的吼叫和神经质的动作。每一只黑猩猩，都有它悲惨的故事。

它们在重新学习做一个“正常的黑猩猩”，互相沟通，练习攀爬树木，学会探索陌生之地。大约有 36 只黑猩猩在这里被精心照料，等待恢复健康。当它们准备好了，就会被引入保护区的两个大群落之一，生活在更广阔的自然围场中。现在，晚上它们还需要回到室内的笼子睡觉。

一直不喜欢看关在笼子里的动物，虽然来了很多次，但每次我都不能听完向导讲述的故事。每次黑猩猩们打架的时候，我都不由自主站得很远。那种酷似人类的痛苦表达，令我备受摧残。

众所周知，拥有犀牛角的犀牛是一种备受“特殊关注”的动物。白犀牛的角很长，能够达到 1.5 米，所以白犀牛也受到盗猎者的加倍关注。犀牛苏丹来自动荡的苏丹，动荡的政局铸就了这个亚种必然的命运。这也是我们人类的悲剧。

苏丹去世后，它的墓地就留在了这里。这世界上仅存的北白犀还在，非洲大陆上，南白犀的数量得到了恢复，对濒危黑犀牛的保护也很受重视。拯救犀牛的意义，在于唤起对生命的尊重，对这个星球和人类命运未来的一种深切的关注。这里更像是一个大自然保护的教育基地，意义远远大过于旅游和娱乐。我想，这正是奥勒·皮杰塔有别于其他常规景区景点的原因。

2019年重返肯尼亚，我去拜访苏丹的墓地，周围是更多的墓碑，一个个排列在荒野中，这是为了纪念在反偷猎行动中牺牲的当地无名勇士。犀牛苏丹，成为一个铭刻在历史中的名字，而这些为了野保事业献出生命的当地普通巡逻员和野保工作者，同样值得我们去了解。

烈日炎炎下，静静地逗留片刻。苏丹真是一个温柔的庞然巨兽啊，那天午后，我站在它的身边，将手慢慢放在它粗糙的皮肤上。风吹过，我几乎不敢呼吸。它的耳朵轻轻弹动了一下。背后，管理员笑着轻轻说："它在提醒你，给它挠挠耳朵。"啊？！我惊讶地回头看了他一眼，真的可以？他笑了。

我将手挪到苏丹的耳朵后边，凉凉的，柔软得像婴儿。风吹起了我的裙子，它的呼吸好安静。

被低估的珍宝

70 多年前，年轻貌美的伊丽莎白公主快乐地发出一声欢呼，向着眼前生机勃勃的野生动物世界飞出一记香吻：阿非利卡（非洲），我终于在这里了！这里就是“上树是公主，下树成女王”的传奇故事诞生地。

真正的故事和秘密在阿伯戴尔山和肯尼亚山的默默对视中隐藏着，这片被称为“上帝的家园”的气势恢宏的谷地，曾是大批象群往来迁徙的必经路线；隐藏在密林里的多罗波古老的采集狩猎场；历史上血腥和富有争议的“茅茅运动”的游击战发生地；辛勤劳作的早期白人农场主放纵和欢愉自己的“欢乐谷”。

2021 年 10 月，当年伊丽莎白公主下榻的“树顶酒店”决定永久关闭了。10 多年前的“树顶酒店”，正处于传奇落幕的尾声，一波波涌来的中国客人的追捧，见证了它最后的光彩。

它的永久关闭，大致有 3 个原因：疫情；几年前管理集团的变更和无序扩建；“贵族时代”的终结。“树顶酒店”曾是我的“安然入睡之地”，也曾和父母在它最美的时候在这里度过美好的两天，在树顶酒店的小书店里买过很多野生动物书籍，一本本认真读完。那些美丽的书，像一片片秋天的叶子，绚丽迷人，掉落在时光深处，化为永恒的水晶。

森林红泥大象漫游，粉紫色的野板栗花开满山间，“天使瀑布”卡鲁鲁跃下清幽的山崖；花豹和黑白疣猴，歌鸟和猫鼬，肯尼亚最美的山地森林国家公园阿伯戴尔里，躲藏着无数精灵般的野生动物，总是充满了无法言喻的植物和泥土芳香。

这是一颗大大被低估的美丽珍宝。当年“树顶酒店”太富盛名了，伊丽莎白女王带来的光彩，支撑起肯尼亚旅游业半个多世纪的半壁江山。坐落在阿伯戴尔山国家公园深处的“方舟酒店”，知名度不如“树顶酒店”，也是以夜间观赏动物为主，二者有着异曲同工之妙。

酒店前面有一大片用泛光灯照亮的人工水塘和人工撒盐的盐碱地，吸引了一大批美丽生动的森林居民。酒店由 3 个甲板式的露台组成，外形酷似一艘大船，并以“诺亚方舟”命名，从每个私人阳台和休息室都可以方便地观赏到野生动物。

为了不让访客在睡觉的时候错过任何动物的来访，夜间警卫会在特殊动物来到水坑时通过房间里的提示器发出嗡嗡的提醒声。地下掩体是一个圆形的药盒状结构，可以安全地通过观察孔拍摄仅几码远的盐碱地上的动物，是野生动物摄影师的完美藏身之处。

坐在咖啡厅里的落地玻璃大窗前笑谈，窗外的大象、野水牛、疣猪和水羚羊会走马灯般来访。露台上的风很大，带着动物的咸腥气、水边的盐碱味、林间薄荷和野板栗花的香气，还有隐隐可闻的咖啡厅和露天吧台的人语笑谈声。

所有的味道和声音都被灌装在这个人类不能自由出入的地方，再没有别的地方这么理想，可供胆小和喧闹的游客近距离观看大象、水牛和疣猪。它们在泥潭里“吧唧吧唧”打滚，“呼噜噜”饮水，“咯蹦蹦”嚼盐粒，“哗哗哗”放水。个个看上去都脏兮兮，叫起来都吵死人。晚上大象的怒吼能把人从床上弹起来！疣猪受惊时真是跟“杀猪”一般嘶叫！清晨美丽的皇冠鹤鸣叫如饥饿啼哭的婴儿……这里是一个属于动物们热闹社交场合，大象永远是主角，我们永远是观众。可惜的是，这场大戏没有节目单可以参考，总是在那里让人期待和猜测，甚至祈祷。

晚餐时分，享受着肯尼亚最鲜嫩的优质牛肉做出来的美味牛排，温和的水晶灯光，映着周围挂满的动物摄影图片。洗过烫烫的热水澡之后，抱着毯子在露台上站一会。晚间的风总是很大很凉，从肯尼亚山那边一泻千里，冲过来，穿透身体。夜云涌动，远处小镇的灯火点点，星光璀璨，躲在流动的云隙间。

黑黝黝的树丛呼呼摇动，像巨浪翻腾。动物们蹑足而来，尽量避开灯光，来饮水舔盐。花豹总是晚上来。

荒野中的圣花园

肯尼亚山脚下一大早雾气很重，酒店周围是巨大的金合欢树林，动物们都得等到阳光将露水晒得差不多干了才出来撒欢。八九点的阳光刚刚好，阳光暖暖，风儿轻柔。

金色阳光打在犀牛沾满泥巴的粗糙铠甲之上，黑眼圈重重的小眼睛，一对儿时不时颤动的椭圆耳朵，跑动起来卷成小圈儿的短胖尾巴。它身上的小疤痕和无数缝隙，引来了蓝色的栗头丽椋鸟、红嘴椋鸟，还有很多小飞虫，都热热闹闹围着它在转。一对犀牛母子在周围的灌木和草地间跑来跑去，急急忙忙。母水羚深情望过来，浑身的长毛亮晶晶。看得人心儿融化，化作一只小蓝鸟。

面对着肯尼亚山，一早一晚，星空下，流云间，细细碎碎的金合欢树花开满了，又落了一地。香香的，飘浮在梦境里。神仙一日，不过如此。

从傍晚的落日鸡尾酒兴致勃勃归来，壁炉里火光熊熊，美好的音乐低低萦绕。一杯杯酒水和小点心端上来，酒不醉人人自醉。肯尼亚山一带早晚凉爽，厚外套和薄毛衣必不可少。尽管如此，女生别忘了带一件心爱的长裙和搭配的珠链，白天风尘仆仆，浪漫晚宴是值得重视的点睛之笔。这边的酒店服务通常都很好，柴火壁炉和放在被窝里的暖心热水袋是标配。

家人和好友来拜访我的时候，喜欢陪他们去肯尼亚山一带度周末。山色晴翠，云天灿烂。远离人烟的金合欢树林中，非洲大陆最经典的“远古巨兽”犀牛和“非洲五霸”之首狮子在暮色中对视片刻，各自悄然离去。

野生动物乐园和世外桃源的绝妙混合，对我来说，最奢侈的旅行，莫过于此。

爱上非洲，有两个极端可以走。一个是越来越爱相机，一个是根本就放弃了相机。

在肯尼亚山和周边或徒步、或爬山、或骑马巡游的时候，野生动物在身边的灌木丛中时刻出没，犹如亲密旅伴。这时候，你会不由自主放下相机，只想微笑着并大声赞美，好好享受这神奇时刻。

肯尼亚山西麓这一带的私人野生动物保护区，通常都包括放养牛群的农场和对游客开放的野生动物保护区两个部分，提供私密性更强、更多样化的专业服务。

在这里，整天坐在车上追逐动物反而是一种浪费，挑选一个风景绝佳的地点，享受一场美好的下午茶才最合时宜。

把车停在一个视野开阔的坡地上，我们放下折叠椅开始准备茶点。

不远处，犀牛们远远近近围拢过来，不慌不忙吃草，时不时停下来打量我一番。大名鼎鼎的长角犀牛一般是母犀牛，公犀牛的角要粗短很多。白犀牛身躯庞大，却温和异常，可以容忍你在它身旁待着不动。黑犀牛则比较警觉，偶尔从灌木丛中露头出来探视情况。

如果是在国家公园里看动物，坐在车顶，开到草地上和下车这样的行为都是绝对不允许的。一大杯新鲜的热咖啡捧在手里，搭配一小块厨房早上现烤的姜汁饼干，面对着阔大苍茫的肯尼亚山和阿伯戴尔山峦。那荒野中柔美变幻的蓝黛色，令人怦然心动。

在非洲荒野里，你和你期待的温柔，最终相逢。

THE LONG
MARCH OF RED
MUD ELEPHANTS—
TSAVO

王荣星 / 摄

第六章

红泥大象的长征之路——察沃

越野越美丽

不可征服的大海和荒野，对很多爱上非洲的人来说，似乎比越来越商业化的马赛马拉更有趣。

越野越美丽。

肯尼亚最大的国家公园察沃，只需一个字诠释：野。

这种野性很有些与众不同，拥有一种广阔的空间和真正的狂野相结合的古老魔力。这种魔力，更来自游荡在这片土地上的生灵，带着某种神秘色彩的“红色大象”种群（即“红泥大象”）。这在世界上也是独一无二的。

它们的皮肤被厚厚的红色泥浆和尘土染色。当一群“红色”的大象缓缓穿行在尘土飞扬的赤土荒野、茂密的野生棕榈树林或雨季中的青青绿野。这样的景象，你怎么可能轻易忘记？！千百年来，南北迁徙的大象开辟出来一条野生动物高速路，贯穿了肯尼亚最大的国家公园察沃，直抵安博塞利和肯坦边界的吉佩湖。

红色的泥浆水滚滚东去，狂野大河是有着金碧色眼睛的尼罗鳄的家园。它们埋伏在巨岩的阴影中，或者懒洋洋地趴在烈日下的沙滩上一动不动，吸收着赤道线的丰足热量。历史上臭名昭著的食人狮的后代还在岩石峭壁中繁衍，雄狮因为炎热的气候而鬃毛掉落，显得有些丑陋，目露凶光。小狮子们则一向可爱。

历史上，这片不羁荒野征服了众多非洲探险家、传奇猎手和野生动物学家。它的无垠与狂野，永远在俯瞰人类的渺小。

2017年5月31日建成通车的“世纪铁路”——蒙内铁路，全长约480千米，与平行的A109号公路将察沃分为东西两个部分，沃伊小城正好处在接近正中的合璧之处。2009年我曾独自造访西察沃，住在与《走出非洲》中的男主角丹尼斯有着千丝万缕联系的传奇营地。2013年肯尼亚大选期间，我与父母一起漫游更加荒蛮的东察沃，后来又多次路过沃伊小城。两万多平方千米的“荒蛮狂野之境”察沃，自此齐全。

王荣星 / 摄

严黎 / 摄

严黎 / 摄

在察沃找动物并不是一件容易的事。万里荒原中飞尘滚滚，这里的野生动物更加警觉和害羞，常常瞄到人车就急急忙忙逃掉了。很多人常会有这样一种恐怖联想：猛兽一见到人就会扑过来攻击。其实，见到人就逃避，才是野生动物的本能反应。

王荣星 / 摄

察沃的很多动物都行动迅捷，会闪电般一次次从视野和路上逃开，在密林和灌木丛间安静地惊鸿一现，自此消失不见。长颈羚和捻角羚尤其如此。也正因如此，镜头捉到它们的那一刻，让人特别开心。很多时候，我们只是默默地欣赏红尘滚滚的奇景。奇妙的是，察沃平原生长着很多蓝花楹，零零落落的紫色花朵绽放在粗犷野性的荒野，衬托着蓝澄澄的天空和金红色的大地，美丽而奇幻。

一『红色大象』之国

我和父母抵达东察沃的时候，旱季与雨季正准备交接，大风在每天傍晚呼啸而过，你能够闻到云层中美好的雨水味道，却不见一滴雨水降落。每一天都是渴盼。

东察沃有两个上海那么大，因“狂野的红色大象”而闻名。比起熔岩丘陵、林带和灌木密布的西察沃，东察沃的大部分地区非常平坦，一览无余。大象不擅长爬上爬下，因为食量巨大，它们每天都需要走很远的路，在旱季雨季中不断迁徙。东察沃阔大平坦的荒野，成为大象最自由的家园，同时也是最危险的。历史上，因为持久的旱季和偷猎分子的猖獗，一度令野象的数量锐减。

王荣星 / 摄

带着吉祥独特的红泥色，1.2 万头左右的野象迁徙穿越苍茫荒野，占肯尼亚大象数量的三分之一。察沃的“长牙大象”曾以重达五六十千克、屡破纪录的巨大象牙而闻名，现在所剩无几，每一头都是肯尼亚的国宝和重点保护对象。非洲大象无论公母都有象牙，“长牙”是一种特有的基因。其中最宏伟美丽的“长牙王”，目前在非洲大陆仅存不到 30 头，全世界范围内也只有 50~100 头。

我们每天都邂逅数十头或者上百头野象。很多来自内罗毕的当地司机，其实是很害怕大象的，尤其是察沃的大象。被喜怒无常、力大无比的野象追击，是在野外工作的司机的梦魇。这些素食的巨兽绝对比食肉的狮豹可怕多了。

园内的人工水塘和水坝，灌木丛中的“大象通道”附近，水草丰足的大河边，是邂逅象群的好地方。我们宿营在象群、尼罗鳄、长颈鹿、狒狒、花豹和狮子喜欢的噶拉娜河畔营地。大河流淌，营地深掩，营地附近有一条“大象通道”，是象群早晚出行的必经之地。

营地里到处是大象的足迹和它们现场制作的“纸杯蛋糕”。即使是白天，访客也不可以随便走动，以防不留神过于靠近在草丛中进食的大象，被它们狂怒之下追袭，发生严重的“踩踏事故”。

察沃的大象，颠覆了很多人对大象的理解和记忆，狂野不羁，神圣美丽。它们依旧保留着半个世纪前被人类追杀的黑暗记忆，不允许人车靠得太近。野性十足，煞气极重。因此，也被造访察沃的野生动物爱好者和动物学家无限赞美：这才是真正的非洲野象。

我曾在非洲生活和工作很多年，“萨法瑞”的时候遇见过很多游客和摄影师，其中很多人对大象有点偏见，觉得大象行动迟缓，没有什么表情和动作，拍摄起来效果不尽如人意。实际上只是他们对野生动物不了解，尤其对大象了解不多。大象是非洲大陆最具标志性的野生动物，它的情感和智慧非常丰富，有很多微妙和独特的表达和沟通方式。

象妈妈带着小象长途跋涉，终于来到水塘边。渴极了的小象快乐地一头扎进泥水里。这是小象宝宝一天中最快乐的玩耍时光，快乐的小鼻子简直飞起！浑身湿漉漉，它兴奋地在尘土中打滚，富含矿物质的红土和红泥给小象穿上了一件湿润新鲜的“防晒外套”，嗡嗡不散、咬人很疼的苍蝇和各种小虫子也都不好下口了。它时不时地一屁股坐地，或者一头栽倒，温柔的象妈妈在旁边守护着，总是在关键的时候，轻轻地用鼻子推搡小象一下。这样温馨欢乐的场面，你永远看不够。

大象们喝饱了水之后，不慌不忙地享受着泥巴浴和尘土浴，各自用鼻子给自己涂上一层厚厚的“防晒霜”。渐渐地，整个象群都被新鲜的红色泥浆涂满了，它们满足地离开。荒野烈日下，暗棕红色的泥浆很快变干结壳，锁住了体内的水分，大象身体的颜色也发生了变化：一件漂亮的“棕红色外套”完成了。

严黎 / 摄

我和父母住在河畔的营地。静谧宽广的河流，安静的高树异常美丽，尤其是一早一晚的剪影。象群天天都来，静悄悄地接近河边，优雅饮水，迅速离去。当更加清晰地贴近生命对水的渴望，你才能懂得非洲。静观大河默默奔流；看象群挥舞长鼻，喜悦地奔向水中央；分享小象咕咚咚灌下每一口水的甜美和珍贵。大河奔涌，生命在寂静中歌唱，纯净甜美的一口水，它们浑身的皮毛都会因这第一口水而激颤不已。

没经历过非洲的雨季，就不算了解真正的非洲。当雨季失约，遥远的河流变成天国的一道门槛。一口水，会成为恩典。非洲大地上所有的生灵，都会如同祭拜神灵一般渴求期待着雨水，直到纯净的雨滴一路旅行，穿越焦灼不安和躁动的空气，终于砸落到干渴的非洲荒原。尘土飞扬，枯叶颤抖，大地被一滴滴接踵而至的雨滴震动。天地变色，浊水横流，大地被闪电和暴风雨的宏大交响包围。在荒野中听雨，犹如被生命乐章带动起舞的蝴蝶，内心充满了赞美和喜悦。

王荣星 / 摄

静坐在河岸边，看着来来往往的动物饮水玩耍。当雨季接近尾声，河中涨满了淡棕色的汹涌河水。荒野中绿意盎然，花开蝶飞，织巢鸟快乐勤奋地工作着。野生动物四散开来，不必每日到河边来饮水。雨季是它们旅行度假的时间，可以偶尔去探险和远游。

在非洲，我们计数时间，不以四季为一个轮回。通常 11 月和 4 月，是雨水最多的月份。绝大多数客旅都会选择在旱季前来看动物，因为绝大多数野生动物都需要跋涉到河边或者水塘来饮水。因此引发很多戏剧化的场面：惊心动魄的伏击，残酷无情的争抢，无奈悲凉的放弃。

我却总是对雨季情有独钟：灿烂的野花一夜之间如繁星开满荒野，小象甩着快乐的小鼻子，跌跌撞撞地奔向静涌的大河之畔。

一 走出非洲

“萨法瑞”是斯瓦希里语对世界的一个贡献。狂野非洲，探险者的天堂，野生动物的家园。车行在苍茫草原和灌木丛中，烈日飞尘。无以名状的勃勃生机像是一记强大的咒语，穿胸而过。没有第二个词能概括这种独特的滋味。

肯尼亚最大的国家公园察沃，很少有人深入它的腹地。炎热干燥的天气，荒蛮粗糙的植被，游客需要大量时间和极度耐心去探索。这野性之美曾经俘获了丹尼斯那颗骄傲的心。

如果你看过《走出非洲》，一定记得丹尼斯的爱机，载着凯伦飞行在湖面，惊飞成千上万只惊啼的火烈鸟，如粉红色的波浪在蓝紫色的湖面上一层层席卷开来。那是凯伦能真正和丹尼斯分享的、珍贵时刻之一。丹尼斯·芬奇·霍顿，不仅仅是《走出非洲》女主角凯伦的那位酷野风趣的情人，更是一位名留东非殖民史的重要人物，肯尼亚旅游界横跨百年、经久不衰的大 IP。

1911 年他抵达非洲，被非洲的魔力收服。他本人从来强烈反对“征服”这个词。当年，丹尼斯小蜻蜓般的小飞机，飞遍了察沃腹地的每一个角落，也让它深藏的野性之美，从此声名远扬。我的第一次察沃之旅，就是为了追随丹尼斯的足迹。

乘坐小飞机抵达西察沃营地专用的小机场后，再换乘营地专用的改装版看动物吉普车，四面是帆布，看动物时卷起来，满眼风月无边。真正恋上“萨法瑞”的味道，就是在那一刻，深入骨髓。我的马赛导师帕拉西，称呼这帅气的爱驾为“大青蛙”，上山坡下河沟，蹚烂泥塘，越乱石谷，无所不能。

察沃的营地酒店都有种不羁的气质。金合欢树林中的水塘边，藏着遗世独立的帐篷酒店，架在高高的木台之上，与其他帐篷隔开至少 30 米。在金合欢树的凉荫之下，天然泉流新鲜干净，水波粼粼；河马闷声打哼，水鸟悠然清啼。脱掉鞋子，放下背包。放下所有来路的艰辛。

而私家保护区酒店里，则藏着波澜壮阔的百年老故事，和令人恍惚的人间温暖，水晶杯和玫瑰相映的烛光晚餐。

静坐休息，一杯咖啡在手，静听鸟语。雨季初至，非洲大地的气息，从四面涌来。大半个世纪前，风流倜傥的丹尼斯是肯尼亚名头最响的人物之一，这个营地因他而来。但如果不是因为凯伦写的《走出非洲》，丹尼斯也不会成为这样影响深远的传奇人物，爱情故事的魅力是恒久的。但有意思的是，深爱着丹尼斯的凯伦，只是他生命里的美好乐章。丹尼斯最完整的爱，都留给了非洲。

凯伦的原著我读过好几遍，她隽永优美的文字比浪漫化了的好莱坞套路电影更为人所称赞。但电影令她成名，才有更多人去读了她的文字。我的心一再欢然默念着这一段话：

“萨法瑞”生活有一种东西，能让你忘记所有的悲伤，感觉就像喝了半瓶香槟，满溢着对自己还活着的感激之情。

There is something about safari life that makes you forget all your sorrows and feel as if you had drunk half a bottle of champagne-bubbling over with heartful gratitude for being alive.

西察沃那些青葱可爱的原始林地中，藏着很多害羞的大旋角羚羊、斑马和长颈鹿，还有巡行在领地周缘、总是显得很孤单的狮子。每到旱季，零星如野火的非洲红豆树就盛开了。黝黑的树皮衬托着火焰般的花朵，决绝而艳丽，让人睁不开眼。

西察沃的切台尼火山熔岩和“咆哮的狮子岩”是打卡必去之地。黑色的极熔岩流极其年轻，只有几百年历史。小小的白色野花在薄薄的纯黑土质上生根，开放，摇曳。中午我们停在一个高高的野餐点吃自带午餐，远处的雨云向深邃的山间谷地飘去，连接天地的一层雨幕轻轻移动着，像是有神灵在驾驭。

大象和飞鸟

云团迎面飞过来，耳中响起莫扎特的交响。察沃在机翼下，云团的间隙中出现。飞鸟的视野中，象群无声走过。

那些被无数猎人、探险者和游客或赞美或诅咒过的灌木丛，从低低的盘旋中俯瞰下去，像一朵朵宁静饱满的绿色浪花。雨季刚刚来临，无垠荒野还带着一层深深浅浅的枯黄。乞力马扎罗山被裹在青紫色的云团里，出现在湿润的，青蓝、暗绿和黄褐色画布的边缘。

面积 7065 平方千米的西察沃国家公园，比上海的面积大一点，它与更为阔大荒蛮的东察沃国家公园本是连体双生，宛若一雌一雄。西察沃海拔更高一些，气候较为湿润温和，不但适合观赏肯尼亚标志性的动物和鸟类，而且是了解肯尼亚地质历史的绝佳景区。

西察沃地理地貌多样，包括山峦、丘陵、金合欢树林、稀树大草原和灌木丛、河岸棕榈树林、半干旱的荆棘丛林，以及静美可爱的湖泊。这里的鸟类特别丰富，汇集了各个气候带和不同类型栖息地的鸟类，这里也能够看到“红色大象”，只是不如在东察沃那么容易遇到。

除了“非洲五霸”和“红色大象”，这里还有一些珍贵的不容易看到的野生动物：生性羞涩的又急脾气的黑犀牛，可爱的大眼睛沙鼠，稀少的亨氏狷羚，“大耳朵米奇”细纹斑马，以及很多人都不了解的花斑野狗。

每天早上我都 5 点起床，喝完一杯咖啡就和营地保安奇提学习追踪术。行走在灌木里，踏着无数或新或旧的蹄印，持着康巴弓箭的奇提教我一一辨认：野水牛、黑斑羚、灌木羚羊、猫鼬、河马、长颈鹿……耳边是野鸽子、犀鸟、啄木鸟和鹭鸟此起彼伏的合唱。象群几天前刚刚经过，留下很多印记。飞鸟在眼前疾飞而过，在不远的树枝上停下来。奇提模仿它们的叫声，它们回应着。我也试着模仿，却将它们惊飞。奇提总是温和地微笑着，我总觉得那些可爱的小动物们会被这样的笑容吸引过来。

晚上，河马经过我的帐篷去很远的地方吃草，再原路返回。我睡不着，眯着眼等着，听着重重的脚步挪过去，挪回来；草刷刷地被铲断，送入一张大嘴之中。树枝折断，喘息粗重。

每天遇到很多长颈鹿。稀有的捻角羚“库都”（Kudu）一如传说中那般美丽。

一只角马在晨练。它跑着，不慌不忙，一直领着我们的车在前面跑，只为自己开心。

但有时，什么也看不到。无边的察沃安静和寂寞，只有我们的车开过，再开过。灌木丛像海洋般无边，乞力马扎罗像灯塔，在灌木丛上方忽隐忽现。慢慢把车开回老营地。为各种各样的声音而满足。

阳光犹暖，晚风却渐渐冰凉如水。每一天，我都是这样满足。

我们停下车，远远打量着营地。就在下车的时候，一只年幼的转角羚羊“呦呦”叫着，跳过林间的平地。周围的野灌木丛黑黝黝的，看起来像是欧式大教堂的阴影。那只鳄鱼还在那里。看上去很无聊，慢慢滑向水中。同一群大象，我猜是，穿过河床走向对面深绿色的荆棘丛中。又多了几堆新鲜的粪便，别的，和我们一早离开时没什么不同。

这是大象和飞鸟之地。我注意到，这一整天，大伙儿都轻声细语。

NAIROBI—THE WORLD'S "WILDLIFE TOURISM CAPITAL"

第七章

世界“野生动物旅游之都”——内罗毕

世界『萨法瑞』之都

想要看到狮子、斑马和长颈鹿，非洲大草原和自由自在的野生动物，对于内罗毕人来说，简直就是抬抬脚那么容易的事。

肯尼亚的首都内罗毕是非洲国际化程度最高的大都市之一，世界各地的游客抵达这里，继而转往肯尼亚和东非各大国家公园和保护区旅行，因而它享有“世界野生动物旅游之都”的美誉。

内罗毕这个名字源于马赛语。当年，一路南下游牧的马赛人钟爱此地，称之为“清凉的河水”；1899年英殖民者建都在此；而华人则昵称它为“大内村”。作为联合国全球总部之一、环境署和人居署的所在地，这个“阳光下的绿城”天气美好，景点众多，绝对值得停留。

王荣星 / 摄

严黎 / 摄

严黎 / 摄

严黎 / 摄

严黎 / 摄

严黎 / 摄

严黎 / 摄

王荣星 / 摄

王荣星 / 摄

王荣星 / 摄

位于内罗毕西南郊林木繁茂、花草遍地的凯伦区，是《走出非洲》那句著名的开场台词“我在非洲有个农场，在恩贡山山脚下”的发源地。凯伦区是内罗毕经典气质和传奇故事的核心，作为内罗毕鼎鼎大名的富豪区，很多世界名人和艺术家都在这里隐居。这里南部面对阴晴不定、晴翠如画的恩贡山，东部连接“住着很多野生动物居民”的内罗毕国家公园。

作为拥有 500 多万人口（2024 年）的非洲大都市，内罗毕有一个全世界独一无二的国家公园，距离市中心只有 7000 米。住在喧哗都市隔壁的 100 多种动物邻居们，每天看着高楼林立、霓虹灯闪烁的人类世界，听着车来车往、飞机起落的喧嚣，过着它们的小日子。

王荣星 / 摄

王荣星 / 摄

要想在一天之内转完内罗毕的精华景区和景点，得抓紧时间一早从内罗毕国家公园开始，赶着看两小时野生动物，接着赶往半小时车程之外的小象孤儿院。中午在凯伦区附近参天大树和鸟语花香中，好好地、慢条斯理地享受一个花园午餐。午后可以就近在长颈鹿公园和凯伦博物馆继续游览。这些景点在旺季的时候游客云集，而平时只是一个个奇趣多多的大花园。

王荣星 / 摄

王荣星 / 摄

王荣星 / 摄

王荣星 / 摄

王荣星 / 摄

王荣星 / 摄

王荣星 / 摄

我在凯伦区住了好几年，每个周末都在周围的深宅大院转悠。另一个常去的地方，就是市中心的内罗毕国家博物馆，那里的镇馆之宝是东非大裂谷出土的古人类化石，哺乳动物馆、鸟类馆和肯尼亚历史馆都不错。

被繁茂的森林所包围，凯伦区的天气尤其清凉舒适，那些殖民风格的老屋子，掩映在花团锦簇间，树木间透过的金色阳光，水晶般的雨珠滴滴答答落下，空气中充满了花木的香气。斯瓦希里语里的“温柔”，这时大概可以用一个词来换位表达：“Pole Pole，慢慢地。”时光在一杯好咖啡和一本好书中慢慢溜走，甚是温柔。凯伦出版《走出非洲》这本书的时候，已经是 52 岁。那么长久的行走，就是为了酿取这一滴花蜜。

王荣星 / 摄

王荣星 / 摄

肯尼亚盛产优质的咖啡和红茶，内罗毕郊区有大片美丽的茶园，有的也对访客开放。茶园的生态很好，周边秀美的深绿色林涛阵阵，亮得耀眼的云朵在丝绒般干净的蓝色中浮动，如同奇幻世界里巨大的棉花糖，也是观赏黑白疣猴和寻花问鸟的好地方。一杯新鲜热泡出来的肯尼亚红茶，茶汤在自然光下是漂亮的金红色，香气层叠绵密，多种莓果香气的混合中，带着森林和草地的醇厚芬芳。

内罗毕国家公园

野而美，距离人类如此之近。不必长途跋涉风尘仆仆花费数小时奔赴其他国家公园，你可以在两小时之内看全“非洲五霸”中除了大象的其他四种，还有其他非洲大草原上最常见的野生动物。

内罗毕是一个年轻而幸运的城市，一个多世纪前它刚刚诞生时，野生动物自由穿行，穿街入院。这一带曾是非洲重要的陆地动物大迁徙通道之一，历史上连接着乞力马扎罗北麓直至安博塞利和察沃西部的整个地区。

内罗毕国家公园是我可以放心自驾的几个不多的肯尼亚国家公园之一，面积不大、道路好、不容易迷路。但第一次自驾的时候，还是有些心慌慌的，只兜了靠近大门中心区的区域。后来又去了几次，将整个约 117 平方千米的公园绕了一圈，深入与机场高速遥遥相对的南部和东部，清晰的围栏边界和大草原地平线一起撞入眼里，这才看清人类的城市如何步步紧逼和包围野生动物的栖息地。

虽然距离城市很近，这里的野营地却颇得“萨法瑞”的精粹，经典而有味道。

MSAFIRI

一大早进入园区，通透的风景在清晨焕发别样光彩，犹如仙境：阳光倏忽移动，蓝灰色的雾气渐渐散去；长颈鹿、黑斑羚、猴子、狒狒和鹰隼都在近在咫尺的林子里活动。一早一晚十分清凉，空气与皮肤的接触仿佛“呲呲”作响，那是毛孔在贪婪和舒适地呼吸。

动物们热热闹闹从车前和车旁边踱步而过，打滚儿，洗个尘土浴。远远地，内罗毕在蓝灰色的烟尘里，似一只安卧的庞然巨兽，新建的内罗毕南部环城高速通过内罗毕国家公园北部。中心平原区生活着斑马、羚羊、长颈鹿、角马、野水牛和犀牛等，作为城市郊区的定居者，它们的祖先可是参加“大迁徙”的。这里见不到大象，因为大象需要很大的栖息地迁徙。

这个“距离城市最近的国家公园”在世界上享有盛名，建于 1946 年。这几年内罗毕发展很快，它承受着越来越大的生态压力。幸运的是，这里的狮群依然享有自己的领地，和其他野生动物共享人类在发展热潮中让出来的这片小小乐园。

一 长颈鹿庄园

在非洲，一切皆有可能：内罗毕国家公园的狮子又进城了；一只来自察沃的小象孤儿等着你收养；珍稀的罗斯查尔德长颈鹿从落地窗里探头进来，想和你一起分享早餐。

和访客云集的长颈鹿中心一墙之隔，百十来米开外的金合欢树林里，有一个童话城堡般的大庄园——世界上唯一的长颈鹿主题酒店。“和长颈鹿一起共进早餐”的浪漫童话氛围，令它获得了 “长颈鹿庄园”的美称。

在这里生活着10只左右濒危的罗斯查尔德长颈鹿，受到非洲濒危野生动物基金（AFEW）的保护。酒店的收入直接纳入基金会名下，用来保护这些美丽的野生动物。

每个清晨，这些优雅的绅士淑女们从树林间现身，慢悠悠地踱到房间和餐厅窗口。驻足，凝视，低首，张口，伸出舌头。坐在餐桌前，一双黑幽幽的闪亮大眼睛望向你。如果忙着拍照喂得不及时，那长长的、灵活的、粗糙的、黏嗒嗒的大舌头就会自己去找吃的。长颈鹿的早餐是专门喂马的饲料，一颗颗像拇指葡萄那么大，放在专门的盛器里。那一刻，你触摸得到这世上最美丽的野生动物，和内心深处那个鲜花盛开的温柔角落。长长的睫毛，无辜、逗趣的面孔，令你开怀大笑。

就是这样一个长颈鹿从窗口优雅探首进来的时刻，定格为这个星球上“最美丽的梦想之地”的经典。

Raising Daisy Rothschild
Betty and Jock Leslie Melville

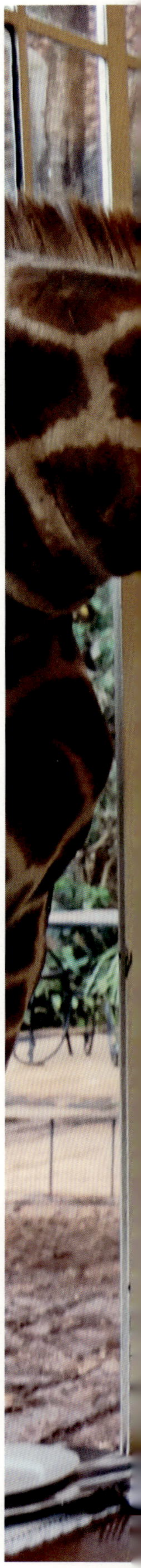

走进非洲

肯尼亚吸引着很多中国朋友。内罗毕，马赛马拉，安博塞利，奈瓦沙湖，纳库鲁湖，肯尼亚山，桑布鲁和察沃……还有众多东非印度洋海滨的美丽小城。如果你从内罗毕郊区的威尔逊机场乘坐小飞机飞去马赛马拉，还必定会经过凯伦区和恩贡山。

从恩贡山山峦东部俯瞰内罗毕国家公园，北部是闹腾腾的内罗毕市区，西部豁然开朗，落差近千米的东非大裂谷谷地中央，荒蛮野性，是东非传奇部落马赛人的牧场和家园。当你抵达这个高度，可以清晰体会到当年凯伦和丹尼斯在小飞机上目睹的为之心动的壮丽和原始。似乎，天地从未曾改变。经典的非洲大地，在旱季里十分寂寥，似乎刚从火山的灰烬中诞生。

在晴好的日子里，从内罗毕很多地方都能远眺到恩贡山。面对恩贡山喝一杯下午茶，更是一段滋味深浓的美好时光。风动树摇，花红草绿中阴晴不定的恩贡山总是一幅隽永耐读的画卷。

《走出非洲》原著里有一篇短短的章节叫《双翼》：

丹尼斯带着凯伦乘坐小飞机降落到一个原野上。一位年迈的土著老人过来搭讪：

“你们今天飞得好高，我只听到嗡嗡声，可是看不到你们。你们看到上帝了吗？”

“没有，我们没有看见上帝。”凯伦回答说。

“啊，那你们飞得还不够高。不过，请你告诉我，”他转向丹尼斯，“请你告诉我，您能飞到足够高的，可以见到上帝的地方吗？”

“我真的不知道。”丹尼斯回答。

“那么，”这位非洲土著老人喃喃，“那我可一点儿也不懂你们俩为什么还要飞呢？”

到今天，快 100 年过去了，你在非洲还是能遇得到这样的问题。当一个地方成为传奇，作为过客的我们只是恰巧知道了结局。

内罗毕是世界上唯一同时可以看得见非洲第一高山——乞力马扎罗，和非洲第二高山——肯尼亚山的大城市。因为空气污染和高楼林立，这一奇观渐渐被忽略和忘却。依然存在的美好自然生态，问题多多的现实，令人爱恨交缠如同生命旅程本身，被时光冉冉移动。

清凉舒适的天气，漫天的棉花糖云朵，依然渴望迁徙的野生动物。它没有改变，改变的是人类自己。

后记

在东非，有一句广为流传的斯瓦希里谚语 "Pole pole ndio mwendo"（徐徐则达），道出了探索的真谛——旅途的意义并非抵达终点，而是在前行中感受世界。这本书，是我对肯尼亚大自然旅行和非洲荒野之美的致敬之作。三年多的时光，从肯尼亚的旅途，到中国的团队合作，再到加拿大的继续研修，我的每一步前行，恰如 Safari 的精神：在不确定性中保持初心，观星辨云，坚定而行。价值观的连接，赋予了旅途真正的意义。三年来，出版团队的信赖与鼓励，让我在大自然教育领域的探索得以继续。因为我们都相信，对这个星球和大自然之美的无尽追寻，是人类共同珍惜的永恒主题。

感谢长江出版传媒与湖北科学技术出版社团队，在推动中非文化交流的道路上不懈前行；衷心感谢我的责编紫风老师，您的专业、细心与耐心，为本书的每一个字句倾注了无限心血；感谢杨瑰玉先生，您对非洲的深刻理解与热爱，以及对书籍和出版的执着追求，始终激励着我。感谢我的图片作者团队：我的父母王荣星和严黎，陪伴我走过肯尼亚的漫漫旅程，共享无数感动与发现；感谢波士顿的 Paul Hsi 老师、肯尼亚的刘宜孟翰老师，以及中国的冯琛哲和张志浩老师，感谢你们三年来的信任与支持。期待我们在非洲重逢，一同探索新世纪的大自然旅行之美，以

及其中蕴含的意义。特别感谢为本书作序的中央广播电视总台非洲总站宋嘉宁站长、中国科学院中－非联合研究中心王青锋主任，在你们的引领下，中肯、中非文化交流的桥梁不断延展，令人欣喜与自豪；感谢肯尼亚华人旅游协会秘书谢彭娟的指导和鼓励；感谢挚友李巍姐，我们对 Safari 的热爱犹如彼此夜空中的明星，照亮远隔千山万水的祝福。感谢弟弟飞和他的家人，你们为本书贡献了最温馨的亲子游片段；感谢爱侣杰，你的远见、探索精神以及磐石般的爱与支持，为我的大自然旅行开启了新的航线。

早春时节，一丛丛晶莹剔透的雪花莲破雪而出。这种花的传说源自春之女神与冬之女巫的对抗，象征希望、慰藉与新的开始。正如雪莲花扎根于冰封的土地，人类的足迹也深深印刻在大地之上。曾经，我在非洲这片没有冬天的动物伊甸园中徜徉，如今，我踏足北大西洋的冰雪王国，继续追寻可持续发展的研究之路。斯瓦希里谚语说："Milima haikutani, binadamu hukutana."（山不相见，人相会。）人与人的相遇，是旅途中最珍贵的馈赠。我目前所在的爱德华王子岛，不仅是《绿山墙的安妮》的故乡，也是古老的米克马克人（Mi'kmaq）的传统领地。如同当年在肯尼亚，我因《走出非洲》走近马赛人与桑布鲁人，如今，我在这片宁静之岛上，感受另一种相似的生活哲学。米克马克人说："To know Love is to know Peace."（知爱，则知和平。）在肯尼亚的旅途中，我学会了勇敢去爱。这份爱不仅来自家人和朋友的支持，更是一种面对世界的信念——带着初心，披上铠甲，继续勇敢前行。

王爱妮

2025 年 3 月

122